Happy Water

Dein Weg zu einem neuen Wasserbewusstsein

Stefanie Kempe

Für all die mutigen Menschen
die sich trauen einen Schritt in eine neue Richtung zu wagen.

Für all die tapferen Menschen
die beginnen mit dem Herzen anstatt dem Verstand zu entscheiden.

Für all die Leuchttürme,
die mich auf meinem Weg begleitet haben.

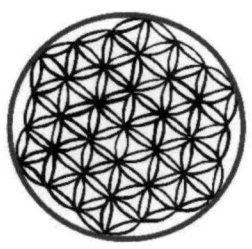

Impressum

Bibliografische Information der Deutschen Nationalbibliothek: Die Deutsche Nationalbibliothek verzeichnet diese Publikation in der Deutschen Nationalbibliografie; detaillierte bibliografische Daten sind im Internet über http://dnb.dnb.de abrufbar.

Das Werk inklusive aller Inhalte wurde unter größter Sorgfalt erarbeitet. Der Verlag und der Autor übernehmen jedoch keine Gewähr für die Aktualität und Vollständigkeit der bereitgestellten Informationen.

Die in diesem Buch wiedergegebenen Aussagen sind nicht als Diagnose, Kur oder Behandlung einer Krankheit beabsichtigt. Die Autorin dieses Buches erteilt keinen medizinischen Rat. Die Absicht der Autorin liegt ausschließlich in der Bereitstellung von Informationen allgemeiner Natur, die bei der Suche nach physischem Wohlbefinden helfen sollen.

Kontakt für Rückfragen: stefanie.kempe@happywaterteam.com

Herstellung und Verlag: BoD – Books on Demand, Norderstedt

ISBN: 978-3-7557-9889-7

Wasser.

„Wasser besitzt nicht nur die Fähigkeit, ganze Ozeane voller Leben zu beherbergen sondern auch die faszinierende Eigenschaft, Leben entstehen und wachsen sowie die Erde unter unseren Füßen Jahr für Jahr erneut erwachen zu lassen.

Wasser fließt durch jede Zelle Deines Körpers und besitzt die erstaunliche Fähigkeit, festsitzende Emotionen in Form von Tränen aus dem Körper zu lösen.

Doch so, wie jeder Mensch seinen individuellen Fingerabdruck besitzt, unterscheidet sich die Struktur des einen Wasserkristalls und seine Wirkung auf unser Körpersystem nachweislich von der eines jeden weiteren."

— Stefanie Kempe

VORWORT

Kaum ein anderes Element dieser Welt fasziniert die Menschheit so sehr wie Wasser. Doch Wasser ist nicht gleich Wasser.

Das Wissen rund um die Eigenschaften und Notwendigkeit eines zellverfügbaren Trinkwassers war schon den Urvölkern und Praktizierenden traditioneller Medizin bekannt, geriet jedoch im Laufe der Jahrhunderte immer mehr in Vergessenheit.

Um dieses Wissen wieder aufleben zu lassen, hatte ich von der ersten Begegnung mit KangenWasser® an den Wunsch ein Buch zu verfassen, welches dem Leser mit Leichtigkeit und Freude grundlegende und interessante Informationen mit auf den Weg gibt und den Einstieg in diese häufig neue Welt erleichtert.

Mit dem Buch hältst Du daher den optimalen Wegbegleiter in der Hand, wenn Dich sowohl das Thema ionisiertes Quellwasser interessiert aber auch die Chancen, die diese Investition in die eigene Gesundheit eröffnet.

Das KangenWasser® wird bei uns in Deutschland auch liebevoll „HappyWater" genannt. Hinter diesem Namen steht Susanne Dulle, die im Jahr 2016 das HappyWaterTeam gegründet hat.

Ich wünsche Dir viel Spaß auf der Reise in die Welt des ionisierten Quellwassers. Schön, dass Du hier bist!

Stefanie

Hast Du Lust Dein Leben auf eine besonders leichte und nachhaltige Art und Weise zu verändern?

- Fühlst Du Dich häufig müde und ausgelaugt?

- Viel zu oft rumpelt es im Bauch und Dein Darm klingt zeitweise wie ein pfeifender Teekessel?

- Handcreme und Hautpflege sind ein trauriger Versuch Deine trockene Haut mit ausreichend Feuchtigkeit zu versorgen?

- Der Alltagsstress lässt es kaum noch zu eine ausgewogene und gesunde Ernährung in Dein Leben zu integrieren?

- Auf einmal stehen teure Anti Aging Produkte in Deinem Badezimmerschrank?

- Möglicherweise sehnst Du dich nach mehr Lebensfreude?

- Du hast die Nase voll davon, dass Deine gelbe Tonne überfüllt ist?

- Ein bisschen mehr Geld am Ende des Monats anstatt zu viel Monat am Ende des Geldes würde Dein Stresslevel senken?

Kommt Dir das ein oder andere Gefühl vielleicht bekannt vor?

Noch bevor mich mein Weg zum HappyWater geführt hat, hätte ich hinter jede Frage einen Haken setzen können.

Für mich war die Vorstellung mich rundum wohlzufühlen und diese Lebensqualität mithilfe eines hochwertigen Trinkwassers und einer Ernährungsroutine, bei der es mir an Genuss nicht mangeln soll, von meiner aktuellen Lebenssituation so weit entfernt wie der Nordpol vom Südpol. Und trotzdem verspürte ich den dringenden Wunsch diesem Bedürfnis auf den Grund zu gehen und einen Weg zu finden mehr Freude und Lebenskraft in mein Leben zu integrieren. Einen Weg zu finden, raus aus der chronischen Krankheit, raus aus der Unzufriedenheit und raus aus dem permanenten finanziellen Mangel.

Zu Beginn dieses Buches erfährst Du, WAS es mit dem HappyWater auf sich hat, WARUM es so wichtig für Deine Lebensqualität ist und WIE die physikalischen Prozesse in diesem speziellen Quellwasser aktiviert werden. Nicht ohne Grund handelt es sich hierbei um ein seit 1974 TÜV geprüftes, medizinisch zertifiziertes Produkt, welches Teil der WaterQualityAssociation ist.

Bei allen individuellen Fragen rund um die besprochenen Themen findest Du Unterstützung bei der Person über die Du das Wasser kennengelernt oder dieses Buch erhalten hast. Gerne stehe ich auch persönlich mit Rat und Tat zur Seite. Meine E-Mail-Adresse ist im Impressum vermerkt. Außerdem habe ich Dir anschließend an das letzte Kapitel eine Zusammenfassung mit allen wichtigen und häufig gestellten Fragen und Antworten zum Nachschlagen für den Alltag vorbereitet.

Wasser als Grundelement des menschlichen Körpers

Wenn es darum geht, den Körper mit allen wichtigen Nährstoffen zu versorgen haben wir gelernt, dass die Ernährung an erster Stelle steht. Hast Du aber gewusst, dass unser Körper abhängig vom Alter und aktuellem Gesundheitszustand zu ca. 55 % - 75 % aus Wasser besteht? Dieser Wassergehalt nimmt jedoch im Laufe der Lebenszeit aus diversen Gründen immer weiter ab!

1. Das herkömmliche Trinkwasser umspült die Zelle aufgrund zelleigener Schutzmechanismen überwiegend, anstatt in sie einzudringen.

2. Mit dem Alter verliert der Mensch sein natürliches Durstgefühl.

Die Wassermenge im menschlichen Körper

80%   70%   60%   55%   50%

Folgende Körpervorgänge sind unter anderem von dem Zustand der Hydrierung Deiner Zelle abhängig:

- Die Hormonproduktion und die damit verbundenen Organfunktionen
- Neurotransmitter und die damit verbundenen Nervenbahnen, um einen reibungslosen Ablauf aller Hirnfunktionen zu gewährleisten
- DNA-Reparatur
- Aufnahme von Mikro & Makronährstoffen aus der Nahrung
- Gleitfähigkeit der Gelenke
- Darmreinigung und Darmpflege
- Regulierung des Blutflusses
- Lieferung der elektrischen Energie für die Gehirnfunktion
- Unterstützung bei Schlafunregelmäßigkeiten
- Verminderung von Alterserscheinungen
- Verminderung prämenstrueller Schmerzen und Hitzewallungen
- Reinigungsvorgänge der Leber und Niere
- Transport der roten Blutkörperchen

Doch was genau ist damit gemeint, dass unser Körper bis zu 75% aus Wasser besteht? Um Dir einen kleinen Überblick zu verschaffen, findest Du in der folgenden Grafik prozentuale Angaben des Wassergehaltes unserer Organe und Körperstrukturen.

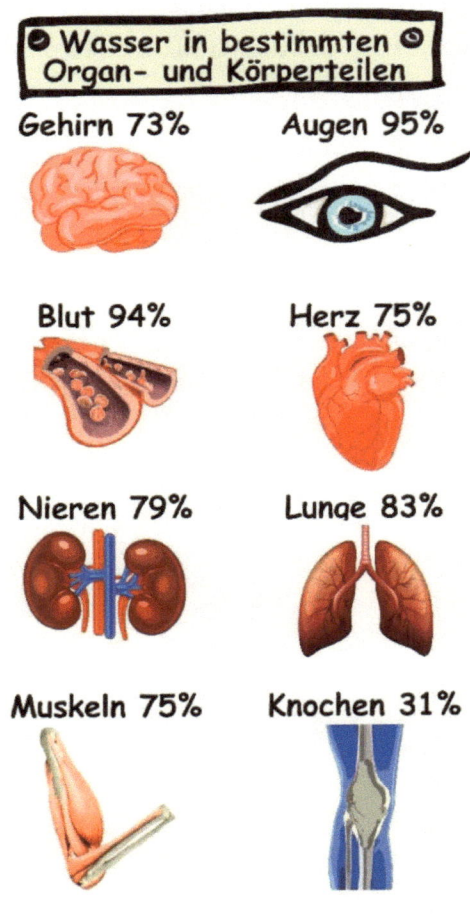

Wasser in bestimmten Organ- und Körperteilen

Gehirn 73%

Augen 95%

Blut 94%

Herz 75%

Nieren 79%

Lunge 83%

Muskeln 75%

Knochen 31%

Mir wurde damals erklärt, dass ich spätestens dann etwas trinken muss, wenn mein Mund trocken ist. Durch die Recherche rund um ionisiertes Quellwasser und meine eigene Krankheitsgeschichte habe ich jedoch lernen dürfen, dass unser Körper schon viel früher Warnsignale sendet um uns darauf hinzuweisen, dass ihm die nötige Ressource fehlt um einen reibungslosen Ablauf zu gewährleisten.

Von Kopf- bis Magenschmerz, Asthma sowie Sehschwäche, aber auch Autoimmunerkrankungen und Depressionen zieht er alle nötigen Register um die Aufmerksamkeit darauf zu lenken, dass er nach den vielen Jahren der Durststrecke nicht mehr über ausreichend interne Kapazität verfügt um diesen Mangel weiterhin auszugleichen.

Fazit

Wasser bildet die körperliche Grundlage für ein gesundes und langes Leben. Es sichert Dein Überleben, indem es alle Organe und Körperstrukturen mit Nährstoffen versorgt und den Abtransport von Stoffwechselendprodukten gewährleistet. Es ist zuständig für die Reinigung, Versorgung und Regulierung aller Prozesse, die in Deinem Körper stattfinden.

Wasser als Grundlage für ein gesundes Lymphsystem

Die Hauptaufgabe des Lymphsystems besteht darin, Stoffwechselendprodukte auszuleiten sowie lebenswichtige Nährstoffe durch den Blutkreislauf und in die Zelle zu transportieren. Im Vergleich zu unserem Blutkreislauf besitzt das Lymphsystem jedoch keinen eigenen Pumpmechanismus, um die Lymphflüssigkeit in Bewegung zu halten. Es gibt daher drei Hauptwege, auf denen Du die Gesundheit Deines Lymphsystems maßgeblich beeinflussen kannst:

- Regelmäßige Bewegung
- Ursprünglich ausgewogene Ernährung
- Zellverfügbares Wasser

Eine ins Stocken geratene Lymphe lässt sich äußerlich unter anderem an der Orangenhaut erkennen. Die eingelagerten Fettdepots geben vor allem uns Frauen nicht nur ein unangenehmes Gefühl, sondern bilden auch eine für Mineralien und Nährstoffe undurchdringbare Mauer zwischen Lymphsystem, Blut und Zellwand.

Ist die Lymphflüssigkeit dickflüssig und dadurch wenig beweglich, sind die Nährstoffe mit einer Seifenblase vergleichbar, die sich ihren Weg durch Gelatine bahnen möchte. Alles bleibt in der Gelatine hängen, verklebt zu dicken Klumpen und sorgt dafür, dass auf der anderen Seite sowohl eine Unterversorgung der Zelle als auch ein mangelnder Abtransport von Stoffwechselendprodukten stattfindet.

Durch diesen Vorgang entsteht der Nährboden für eine Vielzahl der sogenannten Zivilisationskrankheiten wie Diabetes, Bluthochdruck, Migräne, Darmerkrankungen, Herz-Kreislauferkrankungen, stille Entzündungen und Krebs.

Fazit

Ein träges Lymphsystem bildet zusammen mit einem aus dem Gleichgewicht geratenen Säure - Basenhaushalt eine Wurzel zahlreicher Symptome und Erkrankungen.

Daher ist es hilfreich den ein oder anderen Trick zu kennen, mit dem wir unser Lymphsystem unterstützen können. Aus dem lateinischen Wort „lympha" abgeleitet bedeutet es nämlich in der Übersetzung „klares Wasser". Somit spielt neben der Ernährung und Bewegung das Wasser was wir trinken eine ausschlaggebende Rolle.

Je älter wir werden, desto schneller vertrocknen unsere frischen und knackigen Zellen und die Lymphflüssigkeit wird in ihrer Hauptaufgabe behindert.

Aus diesem Grund stand für mich damals nicht mehr die Frage im Raum, **ob** ich in ein hervorragendes Quellwasser als Nahrungsmittel Nr.1 investiere sondern ausschließlich **wann** ich es endlich tun werde.

TEIL 1 - WASSER IST NICHT GLEICH WASSER

„Egal ob Quellwasser, Leitungswasser, Klassisch oder Medium, mit Apfelgeschmack, aus der Glas- oder Plastikflasche. Ist doch alles dasselbe! Hauptsache, ich trinke genug davon".

Als ich angefangen habe mich mit meinen Freunden und Bekannten über das Thema Trinkwasser zu unterhalten, habe ich häufig genau diese Antwort auf meine Fragen erhalten. Fühlte ich mich im ersten Moment noch gekränkt wurde mir jedoch schnell bewusst, dass es niemand böse mit mir meinte und ich erkannte, dass die meisten Menschen denen ich begegnete wirklich nicht wussten, dass ein körperfreundliches Trinkwasser ein paar mehr Eigenschaften aufweisen muss als „sauber" und „schmeckt schon".

Lass uns gemeinsam in diesem Kapitel den allgemeinen Leumund zum Thema Trinkwasser ein für alle Mal auf den Kopf stellen. Denn Wasser ist definitiv **nicht** gleich Wasser.

Stehen wir nämlich erst einmal im Getränkehandel vor den unterschiedlichsten Sorten Trinkwasser, Softdrinks und Säfte ist es nicht mehr verwunderlich das wir nicht wissen, nach welchen Kriterien wir unser Grundnahrungsmittel Nr.1 auswählen sollen.

Aus diesem Grund werden wir in den kommenden Abschnitten die vier wichtigsten Bausteine des ionisierten Quellwassers näher beleuchten und somit auch den Unterschied zu handelsüblichen Wassersorten aufzeigen.

Der Säure Basen Haushalt

Bei dem Säure Basen Haushalt handelt es sich um das natürliche Gleichgewicht der Flüssigkeiten in unserem Körper. Sind Säure und Base im Gleichgewicht, organisiert der Körper sich von allein, leitet Giftstoffe aus, reguliert überlebensnotwendige Körpervorgänge und ist dazu in der Lage Viren, Bakterien, Pilze aber auch auftretende Entzündungen in Schach zu halten.

Was bedeutet der Begriff pH - Wert und was sagt er aus?

Auf der pH - Wert Skala bewegen wir uns immer zwischen den Werten 1 (stark sauer) bis 14 (hoch basisch). Das Wort „pH – Wert" steht dabei für „pondus Hydrogenii". Er beschreibt den Wasserstoffgehalt einer Flüssigkeit. Um den pH-Wert von 1 auf 2 anzuheben, benötigt man die zehnfache Menge Flüssigkeit.

Ein Wassermolekül besteht zudem aus zwei Teilen Wasserstoff und einem Teil Sauerstoff. Je mehr Wasserstoff eine Flüssigkeit enthält, desto höher ist der pH - Wert. Je weniger Wasserstoff enthalten ist, desto niedriger ist der pH - Wert.

In unseren Körperstrukturen finden sich individuelle pH - Werte. Die Magensäure mit pH 1,5 – 2 ist aufgrund ihrer Hauptaufgabe, der Zersetzung von Nahrungsbestandteilen hoch sauer, der Wert des Blutes mit pH 7,35 – 7,45 hingegen leicht basisch.

Die PH-Tabelle

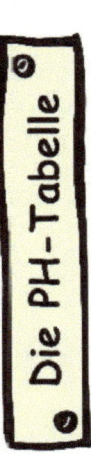     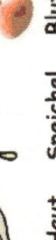 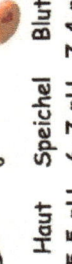

Dickdarm 5-6 pH Dünndarm 6,5 pH Galle 7 pH

Haut 5,5 pH Speichel 6-7 pH Blut 7,4 pH

Magensäure 1-2 pH

0 1 2 3 4 5 6 7 8 9 10 11 12 13 14

Aber reicht es denn heutzutage nicht mehr aus sich basenüberschüssig zu ernähren?

Unser Körper wurde dahingehend konzipiert, dass er das Säure - Basen Gleichgewicht problemlos allein aufrechterhalten kann. Aufgrund unserer westlichen Ernährungs- und Lebensweise gibt es jedoch viele alltägliche Faktoren, die zu einer Übersäuerung des Körpers und der damit verbundenen Körperflüssigkeiten führen:

Gerät der Blut pH – Wert als Folge dessen auch nur minimal aus dem Gleichgewicht beginnt der Körper die Basen, die nötig sind um das Gleichgewicht wiederherzustellen, aus dem umliegenden Gewebe zu ziehen. Somit schafft er sich ein hauseigenes Puffersystem. Sollte er über einen langen Zeitraum auf seine Notreserve in den Körperstrukturen zurückgreifen müssen, werden ab einem gewissen Zeitpunkt körperliche Symptome entstehen um uns daran zu erinnern, Basen über die Ernährung, das Wasser oder die Reduzierung von Stress in unseren Alltag zu integrieren.

Welche Faktoren begünstigen unter anderem eine körperliche Übersäuerung?

- Stress
- Industriell hergestellte Lebensmittel
- Alkohol, Softdrinks, Flaschenwasser und Kohlensäure
- Zigaretten und Drogenkonsum
- Umweltgifte und Abgase
- Sprühmitteleinsatz und lange Transportwege von Obst und Gemüse, sowie unreifes Pflücken und Nachreife

Stellen wir uns nun einmal einen üblichen Ernährungsalltag vor sind wir uns mit Sicherheit einig, dass sich 70 % der Mahlzeiten aus Lebensmitteln wie Getreideprodukte, Fleisch, Fisch und Milchprodukten aber auch Süßigkeiten zusammensetzen und somit dem Körper seine Arbeit und die damit verbundene Aufrechterhaltung des inneren Gleichgewichtes erschweren. Lediglich Obst und Gemüse werden nämlich vom Körper basisch verstoffwechselt.

Um Deinen Körper ohne ein zellverfügbares und ionisiertes Wasser im Gleichgewicht zu halten, müsste Dein Leben ungefähr wie folgt aussehen:

- Du lebst fernab jeglicher Umweltgifte und Strahlung, tief in der Natur mit reinster Luft.

- Du hast Zugang zu frischem Obst und Gemüse, welches auf Bäumen oder Böden gewachsen ist, die eine ähnliche Nährstoffquelle bieten wie noch vor 100 Jahren.

- Du bist mit Dir im energetischen Gleichgewicht und empfindest keinen Stress.

- Du isst mehrere Kilo Obst und Gemüse am Tag.

- Du nimmst Dir 2 -3 Stunden täglich Zeit für körperliche Bewegung, um Deinen Körper beim Abbau von Stoffwechselendprodukten zu helfen und Deine Muskulatur zu aktivieren.

„Keine Krankheit kann in einem basischen Milieu existieren. Nicht einmal Krebs."

Dr. Otto Warburg

(Nobelpreisträger 1931 Krebsforschung)

Ich trinke Leitungswasser! Es ist immerhin das am besten geprüfte Lebensmittel!

Leitungswasser ist ein hervorragendes Gebrauchswasser und wir können dankbar sein, dass es uns jederzeit und scheinbar unbegrenzt zur Verfügung steht. Vom ökologischen Standpunkt aus betrachtet ist es für unsere Umwelt eine sehr gute Entscheidung, Leitungswasser anstelle eines Flaschenwassers zu trinken. Es wird von den Wasserwerken unter den gegebenen Möglichkeiten gereinigt und aufbereitet. Dennoch wird es nur auf die folgenden 52 Parameter laut Trinkwasserverordnung untersucht. Alle weiteren Stoffe dürfen weiterhin in dem Wasser enthalten sein.

- 39 Chemische & Indikatorparameter
- 8 Allgemeine Indikatorparameter
- 3 Radioaktive Stoffe
- 2 Bakteriologisch (E.coli und Enterokokken)

Der pH – Wert des Leitungswassers liegt durch die Aufbereitung in den Wasserwerken bei einem neutralen Wert von ca. 7, damit die Wasserleitungen nicht von der Säure angegriffen werden. Somit schneidet es unter diesem Aspekt im Vergleich zu allen weiteren Getränken gut ab. Sowohl Flaschenwasser und Umkehrosmose Wasser als auch Softdrinks aber auch Wein und Kaffee überfordern unseren Körper mit einem sauren pH – Wert. Auf der folgenden Tabelle kannst Du einige Beispiele ablesen.

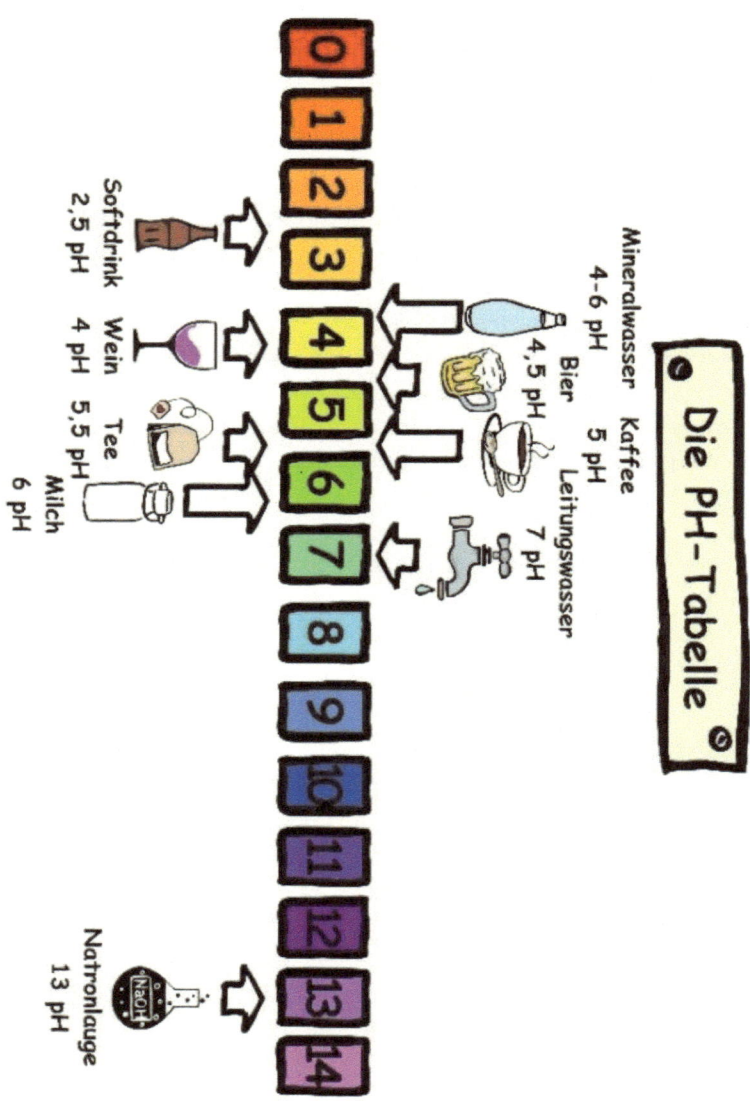

Die PH-Tabelle

0	1	2	3	4	5	6	7	8	9	10	11	12	13	14

Softdrink
2,5 pH

Wein
4 pH

Tee
5,5 pH

Milch
6 pH

Mineralwasser
4-6 pH

Kaffee
5 pH

Bier
4,5 pH

Leitungswasser
7 pH

Natronlauge
13 pH

24

In dem Lieferumfang Deiner HappyWater Wasserquelle sind spezielle pH – Wert Testtropfen enthalten, mit denen Du spielend leicht Flüssigkeiten auf ihren pH - Wert testen kannst. Mithilfe dieser kleinen Wunderwaffe kannst Du auch unter Freunden und Bekannten beim nächsten Treffen für mehr Bewusstsein sorgen. Der WOW – Effekt ist in jedem Fall auf Deiner Seite!

Doch auch wenn es sich bei einem Leitungswasser durch die Aufbereitung um ein Produkt mit neutralem pH-Wert handelt, sind noch ausreichend Rückstände unnatürlicher Stoffe enthalten.

Um das Wasser auf einen neutralen pH - Wert anzuheben, sind je nach Wasserwerk laut Liste der Aufbereitungsstoffe und Desinfektionsverfahren §11 Trinkwasserverordnung unter anderem folgende Zusätze zugelassen. Ein Teil der zugesetzten Stoffe darf anschließend im Leitungswasser enthalten bleiben. Diese Zusätze variieren von Region zu Region.

- Aluminiumsulfat/-chlorid

- Calciumchlorid / Calciumhydroxid

- Dikaliummonohydrogendiphosphat

- Chlor / Chlordioxid

- Natriumhydroxid

- Schwefelsäure/Ethanol/Ozon

- Natriumhypochlorit

- Polycarbonsäure

Doch was passiert in unserem Körper, wenn wir Leitungswasser mit diesen Zusätzen trinken? Da unser Körper diese Stoffe als Gift identifiziert, müssen sie von unseren Entgiftungsorganen Niere, Leber und Darm herausgefiltert werden. Dieser Prozess kostet den Körper zusätzlich Energie.

Kein Wunder das der Körper es kaum noch schafft sein optimales Gleichgewicht zu halten!

Denn neben dem belasteten Leitungswasser und dem Mikroplastik aus Flaschenwasser konsumieren wir zum einen hauptsächlich Lebensmittel, die im Körper ebenfalls sauer verstoffwechselt werden und atmen zu anderen Umweltschadstoffe ein, die von unseren Entgiftungsorganen zeitgleich ausgeleitet werden müssen.

Und als wäre das nicht schon anstrengend genug für Deinen Körper ist es ihm nicht möglich einen Wassermangel und die damit verbundene Übersäuerung durch den Konsum von Apfelsaft oder einer Gurke auszugleichen. Keine Flüssigkeit der Welt ermöglicht es ihm, die Organe ausreichend zu versorgen, Dein Gehirn auf Trab und den Säure - Basen Haushalt im Gleichgewicht zu halten. Das allein ist nur möglich, indem Du strukturiertes Wasser trinkst das dort ankommt, wo es hingehört: in die Zelle.

Doch woran kannst Du erkennen, dass Dein Körper überfordert ist? Neben den schon erwähnten Anzeichen macht sich eine körperliche Übersäuerung des Weiteren an Deinem Körpergeruch bemerkbar.

Aber wie steht denn jetzt mein Körpergeruch in Zusammenhang mit meinem Säure Basen Haushalt?

Mit einer Fläche von 1,7 m² spielt Deine Haut als das größte Entgiftungsorgan des Körpers neben der Niere, der Leber und dem Darm eine ausschlaggebende Rolle in der Ausleitung und Aufnahme von Giftstoffen und Stoffwechselendprodukten

Wir beginnen jedoch erst dann über die Haut zu entgiften, wenn alle anderen Entgiftungsorgane an ihre natürlichen Grenzen stoßen. Daher aufgepasst! Wenn Dein Schweiß einen Duft angenommen hat, der nach mehr als „Wasser" und dementsprechend „Nichts" riecht, ist es allerhöchste Zeit Deinen Säure Basen Haushalt wieder ins Gleichgewicht zu bringen.

Wir können davon ausgehen, dass alle in unserer westlich industriellen Welt lebenden Menschen an einer mehr oder weniger starken chronischen Übersäuerung leiden. Doch woran erkennt man einen übersäuerten Menschen?

- Müdigkeit & Augenringe

- Übergewicht und Rötungen im Gesicht

- Bewegungseinschränkung und Kurzatmigkeit

- Emotionale Instabilität und Schlafstörungen

- Lustlosigkeit, Antriebslosigkeit

- Magen & Darmsymptome, Infekte, Hautprobleme

- Kopfschmerzen, Bluthochdruck, Diabetes, Sehschwäche

Mythos: Ionisiertes Wasser neutralisiert die Magensäure

Fragt man Dr. Google nach „basischem Wasser" erscheinen als erstes einige Artikel mit erschreckenden Informationen darüber, dass basisches Wasser dem Körper schadet.

Um ehrlich zu sein bin ich der Meinung, dass es hier nicht das basische Wasser ist welches den Schaden anrichtet sondern das gefährliche Halbwissen, das durch die zahlreichen dort aufgeführten Artikeln veröffentlicht wird.

Denn so wie Wasser nicht gleich Wasser ist, hat basisches Wasser nichts mit ionisiertem Wasser gleich außer der Tatsache, dass ein ähnlicher pH - Wert ausgemacht werden kann. Des Weiteren wird in diesen Artikeln lediglich von basischem Wasser gesprochen und nicht von ionisiertem, geschweige denn von KangenWasser®. Hier liegt wie so häufig der Teufel im Detail.

1. Base ist nicht gleich Base

Eine **gepufferte Base** (NaOH) entsteht immer dann, wenn wir einer Flüssigkeit eine mineralreiche Substanz beifügen und beispielsweise Natron mit Wasser vermengen. An dieser Stelle erhalten wir ein basisches Getränk. Es besitzt die Eigenschaft die Magensäure zu beeinflussen und aus dem Gleichgewicht zu bringen, da sich das NaOH mit dem HCL der Magensäure verbindet und aufhebt. Eine gepufferte Base bleibt im Vergleich zu der ungepufferten auch **über einen langen Zeitraum hinweg stabil**.

Bei einer **ungepufferten Base**, wie wir sie mithilfe des Elektrolyseprozesses und dem dadurch entstehenden OH-Ionenüberschuss in der HappyWater Wasserquelle herstellen, ist dies nicht der Fall. Die ungepufferte Base des HappyWater entsteht durch den hohen Anteil an molekularem Wasserstoff. Dieser verbindet sich, sobald er den Körper passiert mit weiteren Molekülen und geht in den Körperkreislauf über. Dort unterstützt er die Zelle dabei, wieder zurück in sein Gleichgewicht zu finden.

Auch die Aussage, man solle während der Mahlzeit keine Flüssigkeit zu sich nehmen stimmt nur bedingt. Denn unser Magen besitzt die sogenannte Magenstraße, durch die eine kleine Menge Wasser während des Verdauungsprozesses passieren kann, ohne die Magensäure zu verdünnen.

„Die Dosis macht das Gift", wusste schon Paracelsus. Ein Glas Wasser zur Mittagsmahlzeit wird wunderbar über die Magenstraße abgeleitet, wohingegen ½ Liter Wasser während der Mahlzeit die Wirkung der Magensäure auf die Aufspaltung der Nahrung sehr wohl beeinflussen kann.

2. Der pH – Wert ist der negative Logarithmus der 10er Potenz

Um den pH - Wert von 1 auf 2 anzuheben, benötigen wird die zehnfache Menge einer basischen Flüssigkeit.

Um also 1 Glas produzierte Magensäure von dem pH - Wert 2 auf 3 anzuheben, musst Du zehn Gläser ionisiertes Wasser trinken. Um Magensäure zu neutralisieren, muss ihr pH – Wert auf 7 angehoben werden. Dafür musst Du dementsprechend 100.000 Gläser ionisiertes Wasser trinken. Dieses Rechenbeispiel macht deutlich, dass es nicht möglich ist, die Magensäure durch das Trinken einer ungepufferten Base auf Basis von molekularem Wasserstoff zu neutralisieren.

Im Vergleich dazu kann eine gepufferte Base wie die Natronlauge NaOH aufgrund ihrer unflexiblen Struktur über einen längeren Zeitraum eingenommen sehr wohl einen Einfluss auf die Magensäure haben und sie in ihrer Wirkung und Produktion behindern.

3. Die Auswirkung von Säure auf Base

Gibst Du eine kleine Menge Softdrink in eine leicht basische Flüssigkeit, kippt der Zustand dieses leicht basischen Milieus schlagartig in den sauren Bereich. Im Vergleich dazu musst Du die zehnfache Menge einer basischen Flüssigkeit in eine Säure geben, um diese zu neutralisieren.

Beide Vorgänge kannst Du mit den pH Tropfen demonstrieren, um zu veranschaulichen, wie sich das Wasser von einer gelben Farbe (sauer) in ein blaues Milieu (basisch) und umgekehrt verwandelt.

Fazit

Der saure pH – Wert einer Flüssigkeit hat eine negative Auswirkung auf unseren Körper. Eine große Menge ionisiertes Wasser hingegen hat ausschließlich positive Auswirkungen auf das Körpersystem.

Das Paradoxon unserer aktuellen Zeit besteht darin, dass es als vollkommen normal angesehen wird täglich ½ Liter Softdrink mit einem pH - Wert ähnlich der Batteriesäure, Burger, Zucker, Nikotin und Alkohol als Nervengift zu konsumieren, aber fünf Äpfel zu essen oder zwei Liter gesundes, ionisiertes Quellwasser zu trinken dem Körper schaden soll.

Dehydration & Hexagonale Wasserstruktur

Die Geschichte des Jungbrunnendorfes

Es gab einmal einen wunderschönen Berg. An diesem Berg rauschte ein starker Wasserfall die Klippe hinab.

Sowohl oberhalb als auch unterhalb des Wasserfalls hatte sich jeweils eine kleine Gruppe Einwohner angesiedelt.

Sowohl das Volk unterhalb als auch das Volk oberhalb des Wasserfalls lebten glücklich und voller Zufriedenheit an dieser wundervollen Wasserquelle.

So zogen die Jahre ins Land und man erkannte, dass auch an den ältesten Einwohnern die Zeit nicht spurlos vorbeiging.

Doch eines schien erstaunlich. Wo doch viele von ihnen im selben Jahr geboren wurden, waren die Gesichter der Einwohner des Dorfes oberhalb des Wasserfalls faltig, blass und erschienen fast ein wenig schwach.

Erstaunt waren die Einwohner des Dorfes oberhalb des Wasserfalls.

Denn ihre Freunde im Dorf am Fuße des Wasserfalls erstrahlten selbst im hohen Alter noch vor Lebenskraft, straffer Haut und einem lebendigen Körper.

Wie kann das sein?

An dieser Stelle kommt die ursprüngliche Struktur eines Wassermoleküls ins Spiel. Diese ist sechseckig und somit hexagonal. Eine hexagonale Wasserstruktur entspricht der Form einer Schneeflocke. Dr. Masaru Emoto hat erstaunliche Wasserexperimente durchgeführt in denen er Wasserkristalle diversen Frequenzen, Musikstücken, Worten und Gefühlen ausgesetzt hat. Die Bilder, die er schließlich unter dem Mikroskop entdecken durfte, zeigen erstaunliche Veränderungen in der Struktur der Wassermoleküle. Die Buchempfehlungen dazu findest Du im Anhang.

Die handelsüblichen Wassersorten sowie unser Leitungswasser besitzen eine Struktur von ca. **13+ Molekülen**. In der unten dargestellten Grafik stellt der Fußball dieses große Wassermolekül dar.

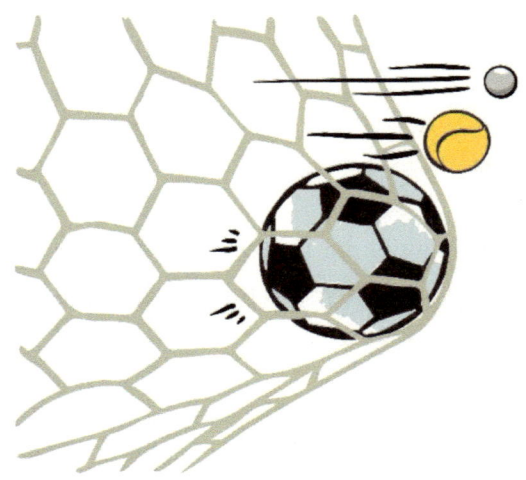

Am Bild des Wasserfalls lässt sich das Prinzip der hexagonalen Wasserstruktur hervorragend erklären.

Durch den Aufprall des Wassers auf den Stein und die Wasseroberfläche zerspringen die Wassermoleküle, verwirbeln sich und werden somit in einen Strudel aus negativ geladener Energie eingehüllt. Aus einer Molekülstruktur von 13+ Molekülen entsteht nun eine nur noch ca. **< 5 Moleküle** feine hexagonale Wasserstruktur. Diese feinen Moleküle sind für unsere Zelle um ein Vielfaches einfacher aufzunehmen. In der Grafik werden diese kleineren Molekülverbindungen mit Tennis- und Golfball dargestellt, die das Netz ungehindert passieren können.

Einfaches Wasser   KangenWasser®

Dass Du bisher ein Wasser getrunken hast, welches eine für Deine Zellen zu große Molekülstruktur besitzt erkennst Du unter anderem an folgenden Anzeichen:

- Je mehr Wasser Du trinkst, desto häufiger musst Du auf die Toilette.

- Du hast große Probleme damit, überhaupt mehr als 1 Liter Wasser am Tag zu trinken.

- Deine Haut ist trocken und schuppig.

- Dein Gesicht ist faltig.

- Du hast dunkle Schatten unter den Augen.

- Müdigkeit begleitet Dich durch den Tag.

Sobald du beginnst, das HappyWater mit seiner feinen hexagonalen Struktur und Minusladung zu trinken, werden Dir im Vergleich dazu erfahrungsgemäß unter anderem folgende Dinge auffallen:

- Das Trinken fällt Dir plötzlich leicht.

- Zu Beginn wirst du vermehrt Durst verspüren, da Du Dir Deine Zellen wie einen Verdurstenden in der Wüste vorstellen kannst, der nun vor der lang ersehnten Quelle steht.

- Du wirst im Laufe der Zeit seltener auf Toilette gehen müssen, da das Quellwasser von Deinem gesamten Körper dankend aufgenommen wird.

- Du wirst einen Detox Effekt verspüren, da sich die in den Zellen angesammelten Schlackenstoffe gelöst haben und abtransportiert werden.

- Du wirkst sowohl erfrischt als auch erholt und fühlst Dich voller Energie und Tatendrang.

- Deine Haut strafft sich und wird samtweich.

Viele Menschen wissen heutzutage kaum noch wie es sich anfühlt einen vitalen, frischen und mit Energie erfüllten Körper und Geist zu besitzen, da der jahrelange und schleichende Wassermangel sowie die damit einhergehende Dehydration der Zellen sich langsam, wie ein hauchdünner Nebel über sie gelegt hat.

Aus diesem Grund freue ich mich von Herzen Dir am Ende des Buches eine kleine Auswahl an Erfahrungen der HappyWaterTeam Mitglieder zu präsentieren.

Erfahrungsberichte und Erfolgserlebnisse von Menschen, die genau wie wir eines Tages beschlossen haben, dass sie ihr weiteres Leben ab sofort in vollen Zügen auskosten wollen.

ORP – Das Oxidations Reduktions Potenzial

Bei diesem Begriff handelt es sich um die, meines Erachtens nach, wichtigste Eigenschaft eines ionisierten Quellwassers: die Minusladung.

In dieses Thema kann man sehr tief eintauchen. Gerne empfehle ich Dir dazu das Buch „Jungbrunnenwasser" von Dietmar Ferger. In diesem Buch möchte ich das Wissen darüber für Dich jedoch so leicht verständlich wie möglich vermitteln, sodass Du die magische Eigenschaft direkt mit anderen teilen kannst.

In unserem Körper finden täglich zwei Prozesse statt:

Oxidation und Antioxidation.

Bildlich gesprochen verwandelt sich die Weintraube bei der **Oxidation** in eine Rosine und bei der **Antioxidation** verwandelt sich die Rosine in eine Weintraube.

Oxidationsprozesse im Körper werden unterstützt durch Stress, unausgewogene Ernährung, Umweltgifte etc.

Antioxidationsprozesse werden gefördert durch Obst und Gemüse, molekularen Wasserstoff, positive Emotionen, Bewegung etc.

Eine Oxidation wird jedoch auch durch die Aufnahme von Flüssigkeiten und Lebensmitteln mit einer positiven Ladung begünstigt. Im Umkehrschluss sind alle negativ geladenen Lebensmittel und Flüssigkeiten antioxidativ.

Doch warum spielt die elektrische Ladung des Wassermoleküls eine so wichtige Rolle?

Jede Zelle unseres Körpers besitzt eine elektrische Spannung. Die natürliche Spannung unserer Zelle liegt bei ca. -70 bis -90 mV.

Somit kannst Du den Körper mit einem großen Akku vergleichen der eine gewisse Spannung benötigt um optimal zu funktionieren. Ebenso wie der Säure Basen Haushalt ist jedoch auch diese Akkuladung in unserem heutigen Zeitalter massiv aus dem Gleichgewicht geraten.

Woran erkenne ich, ob die Flüssigkeit eine positive oder negative Ladung besitzt?

Für die Bestimmung des ORP Wertes gibt es sogenannte Redox Messgeräte. Über eine in die Flüssigkeit gehaltene Elektrode lässt sich ganz einfach die Spannung bzw. das Oxidations Reduktions Potenzial bestimmen. Erfahrungsgemäß besitzt ein Großteil der Getränke die wir zu uns nehmen eine positive Ladung. Das HappyWater hingegen beginnt bei einer Negativladung von -300 mV.

Sobald unsere Zelle eine Ladung von -20 mV erreicht hat, ist das Potenzial einer krankhaften Veränderung hoch. Abgesehen von der schon vorhandenen Zellschwäche sind wir täglich mit Umständen konfrontiert, die weitere oxidative Prozesse in der Zelle auslösen. Daher brauchen wir die Unterstützung einer sehr hohen Minusladung, um unsere Zellen auf dem Weg zurück in ihr Gleichgewicht effizient zu unterstützen.

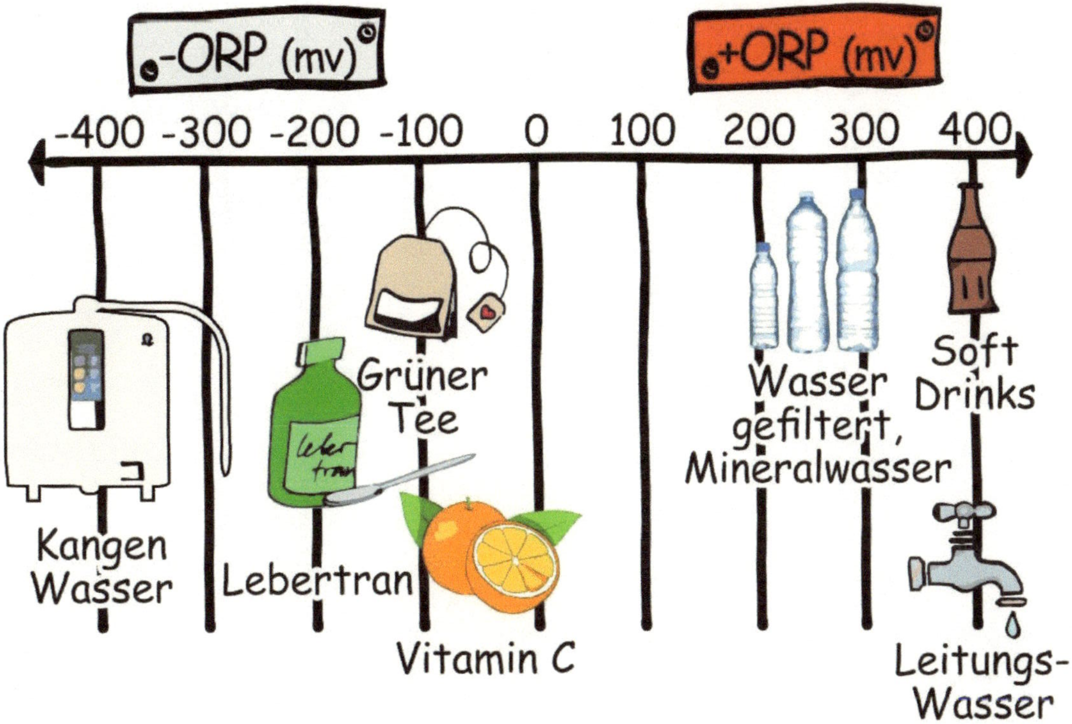

+ORP (mv)

-ORP (mv)

-400 -300 -200 -100 0 100 200 300 400

Soft Drinks

Leitungs-Wasser

Wasser gefiltert, Mineralwasser

Vitamin C

Grüner Tee

Lebertran

Kangen Wasser

Kommen wir nun zu der letzten unserer vier Eigenschaften, die das HappyWater für Dich und Deinen Körper wertvoll macht: Antioxidantien.

„Wie bitte? Antioxidantien im Wasser? Wie soll das denn funktionieren? Die sind doch sonst nur im Obst, Gemüse oder den Nahrungsergänzungsmitteln zu finden!"

Und mit dieser Annahme liegst Du in der Tat gar nicht so falsch. Bezogen auf unseren Alltag kennen wir Antioxidantien sowohl aus der Vielfalt an Früchten und Blattgemüse als auch aus Traubenkernextrakt, Olivenblattextrakt und grünem Tee. Es gibt jedoch ein weiteres Antioxidant über das bisher kaum gesprochen wurde, obwohl es sich dabei um das Stärkste unter seinesgleichen handelt:

Wasserstoff

Wasserstoff besitzt ein Vielfaches an wertvollen und heilsamen Antioxidantien im Vergleich zu allen anderen Substanzen, die unseren Körper bei der Bekämpfung freier Radikale unterstützen.

Warum sind Antioxidantien für unseren Körper denn überhaupt wichtig?

Wie Du weißt, ist unser Körpersystem im Alltag diversen Situationen ausgesetzt die Stress verursachen. Diesen Stress spüren wir jedoch nicht nur auf seelischer Ebene, sondern ebenso im körperlichen Bereich auf zellulärer Ebene. In der Zelle entsteht infolgedessen der sogenannte *oxidative Stress*.

Was genau kann ich mir denn unter diesem oxidativen Stress vorstellen?

Hast Du schon einmal beobachten können, wie sich ein Apfel braun verfärbt, wenn wir ihn aufschneiden und an der frischen Luft liegen lassen? Hierbei handelt es sich um ein einfaches Beispiel der Oxidation. Auch ein rostendes Metall hat sich aufgrund des Oxidationsprozesses in seiner Zellstruktur verändert.

Dieser Prozess hängt mit der Anzahl an Elektronen zusammen, welche ein Atom oder Molekül besitzt.

Die „Angestellten" der Oxidationsfirma nennen sich „*freie Radikale*". Diese Moleküle oder Atome weisen einen Elektronenmangel auf. Da aber jede Zelle den Wunsch nach Vollständigkeit verspürt, entziehen die freien Radikale den vollständigen Molekülen ein Elektron, um sich wieder zu reparieren.

Atom   **Freie**   **Antioxidtantien**
                  Radikale

Und welche Rolle spielen jetzt die Antioxidantien in der Geschichte?

Kennst Du den Tipp, etwas Zitronensaft auf den Apfel zu träufeln? Genau! Der aufgeschnittene Apfel wird NICHT bzw. langsamer braun. Dadurch, dass wir ihm mit Hilfe des Zitronensaftes Vitamin C, also Antioxidantien, hinzugefügt haben sind ausreichend Elektronen vorhanden von denen die freien Radikale sich ihren Anteil unabhängig von unseren gesunden Zellen abzapfen können.

Versorgen wir unseren Körper nun <u>nicht</u> täglich mit ausreichend Antioxidantien werden sowohl Stress, unausgewogene Ernährung als auch negative Emotionen und vieles mehr oxidativen Stress im Körper auslösen und somit für ein vermehrtes Vorkommen freier Radikale sorgen. Diese können nicht mehr ohne sichtbare Folgen von den Elektronen unserer gesunden Zellen ausgeglichen werden. Folglich beginnt unsere Zelle nun bildlich gesprochen zu verschrumpeln wie eine Rosine.

Aber reicht es denn nicht aus, wenn ich die „normalen" Antioxidantien über die Ernährung zu mir nehme?

Nein. Dieser Glaube gehört leider der Vergangenheit an, als wir unsere Nahrungsmittel noch auf reichhaltigen Böden anpflanzen konnten und in einer Zivilisation lebten, die wesentlicher weniger von schädlichen Einflüssen und Stress betroffen war. Es ist kein Geheimnis, dass in unseren Nahrungsmitteln seit vielen Jahrzehnten nur noch ein Bruchteil der Nährstoffe und Antioxidantien enthalten sind die es benötigen würde, um den massiven Anstieg an Stress auslösenden und damit oxidationsfördernden Prozessen auszugleichen.

Und was genau ist jetzt der Vorteil von Wasserstoff?

Es ist **einfach** und **effektiver** als alles andere, was wir bisher kannten. Natürlich ist es wichtig, dass Du eine ausgewogene Ernährung in Deinen Alltag integrierst, den Stress reduzierst und immer mehr zu Deinem natürlichen Ursprung zurückfindest. Da jedoch das allein schon eine große Mission ist, können wir sie doch einfach mit Spaß und Genuss angehen oder nicht?

Denkanstoß: Krankheiten und Antioxidantien

Dein Auto hat eine Reifenpanne: Womit würdest Du die Schrauben lösen um den Reifen zu wechseln, damit Du schnell und sicher an Dein Ziel gelangst? Mit der Hand oder einem hervorragenden Werkzeug? Ich würde mal behaupten, Du entscheidest Dich für Letzteres.

Warum mühen wir uns also im Alltag wie Wahnsinnige mit mangelhaftem Werkzeug ab und zögern immer wieder wenn es um unseren Körper und die eigene Lebensqualität geht, in das bestmögliche Werkzeug zu investieren?

Als ich Anfang 2020 die Diagnose „Colitis Ulcerosa" und damit „für immer unheilbar & chronisch darmkrank" erhielt, habe ich mich umgehend mit den alternativen Heilmethoden beschäftigt und während meiner zehnwöchigen Cortison Kur angefangen, mein Immunsystem bei der Selbstheilung zu unterstützen. Doch wo fängt man an?

1. **Ernährung:** Ich habe ausschließlich basische Nahrung zu mir genommen und die ersten Wochen nur von Gemüsesuppe, gedämpftem Gemüse, Apfelmus und Haferflocken gelebt. In den kommenden Monaten habe ich über Keto, Vegan, Rohkost, 801010, Medical Medium, Karnivore und viele andere Ernährungsweisen alles ausprobiert, um das Richtige für mich zu finden.

2. **Nahrungsergänzung:** Der Rest meiner Ernährung bestand aus der gezielten Supplementierung von allem, was es auf dem Markt gibt. Ich habe zu Spitzenzeiten bis zu 15 Supplements am Tag zu mir genommen.

3. **Heilpraktiker:** TCM, Darmsanierung und Co durften natürlich nicht fehlen.

4. **Seelische Arbeit:** Die Arbeit mit dem inneren Kind, Meditation, Schattenarbeit, Bücher lesen, Videos anschauen, langsame Spaziergänge im Wald und Yoga füllten meinen Tag.

Ich habe meinen Job gekündigt und mich 78 Wochen krankschreiben lassen. Denn natürlich hatte ich Angst, dass es vielleicht schon zu spät sein könnte um mich auf den Weg der Selbstheilung zu begeben. Zu spät um noch einmal komplett von vorne anzufangen. Neben dem hohen Blutverlust über den Darm hatte ich eine schwere Augenentzündung, fasziale Entzündungen und wog grad noch 50 Kilo bei einer Größe von 166 cm.

Es war ein Fulltime-Job mich um meine Heilung zu kümmern. Nachdem ich jedoch auch davon fast vollständig ausgebrannt war und feststellen musste, dass ich mit meinen Mitteln nicht mehr weiterkam wusste ich, dass ich mich nicht länger davor drücken konnte in eine Kangen® Wasserquelle zu investieren. Denn wie ich heute weiß war mein Körper immer noch übersäuert, meine Zellen immer noch erschöpft und mein Körper gnadenlos dehydriert. Ich hätte gar nicht so viel Obst essen können wie nötig gewesen wäre, um meinen Körper dabei zu unterstützen die erschöpften Wasser- und Nährstoffdepots wieder aufzufüllen. Außerdem hatte ich in den vergangenen Monaten vierstellige Beträge in meine Heilung investiert. Also spielte der Preis auch keine Rolle mehr. Denn wenn dieses

Wasser die grundlegende körperliche Lösung sein sollte, dann spare ich in den nächsten Jahren so viel Geld für weitere Notlösungen.

Und so kam das Wasser in mein Leben.

Wenn ich Dir von meiner Erfahrung berichten darf würde ich Dir erzählen das es eine Weile gedauert hat, bis ich eine Veränderung wahrgenommen habe.

Ich war noch unheimlich gestresst und habe mir natürlich aus lauter Angst eine sofortige Wirkung gewünscht. Nach wenigen Wochen habe ich gespürt, wie die Blutungen nachließen und ich meine Energie wiederfand. Ich habe an Gewicht zugenommen und konnte wieder Nahrungsmittel zu mir nehmen, die mein Körper noch vor wenigen Wochen abgestoßen hatte. Ich konnte wieder längere Spaziergänge machen ohne Angst davor zu haben, die Kontrolle über meinen Körper zu verlieren.

Meine Lebensfreude kam zurück. Und mit ihr der Wunsch, dieses Wasser in die Welt zu tragen. Zunächst um auch andere Menschen an dieser Möglichkeit teilhaben zu lassen, ihre Gesundheit mit dem besten Hilfsmittel zu unterstützen. Nachdem meine körperliche Gesundheit jedoch immer stabiler wurde, habe ich mich auch dazu hingezogen gefühlt, meine finanzielle Gesundheit auf sichere Beine zu stellen.

Da ich nicht mehr in die Festanstellung zurück wollte habe ich mich mit dem Vergütungsplan der Firma auseinandergesetzt und direkt erkannt, dass es eine einmalige Chance für mich ist mein Leben auf allen Ebenen zu verändern. Und so habe ich mich, um bei dem Beispiel mit dem Auto zu bleiben, für das hervorragende Multifunktionswerkzeug anstatt für meine Hand entschieden, um mein Leben zu reparieren.

Nach meiner eigenen Erfahrung und der Erfahrung als heute gesunde Frau ziehe ich mein Fazit wie folgt:

Täglich ist selbst ein „gesunder" Körper einem so hohen Maß an zellschädigendem und oxidativem Stress ausgesetzt, dass er ihn mit der herkömmlichen Lebensweise nicht mehr ausreichend kompensieren kann. Wie verhält es sich nun also bei einem kranken Körper?

Denn wenn wir ehrlich sind, leidet ein Großteil der Menschheit heutzutage leider nicht mehr nur unter einem Schnupfen. Wir sprechen an dieser Stelle von den schwerwiegenden Folgen der Übersäuerung, Dehydrierung und übermäßigem Stress, wie beispielsweise chronischen Erkrankungen, Herzproblemen, Blutdruckschwankungen und im schlimmsten Falle Zellentartungen wie Krebs.

Aus diesem Grund sollten wir unserem Körper das wirksamste und natürlichste Mittel zur Verfügung stellen, das Mutter Natur uns seit Jahrtausenden auf dem Silbertablett präsentiert: ein hexagonal strukturiertes, minusgeladenes Wasser welches reich an molekularem Wasserstoff ist.

Fazit

Bei dem KangenWasser® bzw. HappyWater handelt es sich um ein ionisiertes, antioxidatives und zellverfügbares Quellwasser mit Minusladung.

Es verbindet alle der im letzten Kapitel aufgeführten Eigenschaften die dem Körper dabei helfen wieder zurück in sein, von Deiner DNA vorhergesehenes, Gleichgewicht zu finden.

TEIL 2 – TEAMSPIRIT & EXPERTISE

Bei der Investition in das Nahrungsmittel Nr. 1 darfst Du Deinen Körper mit dem Porsche unter den Wasserionisierern verwöhnen. Nichts weniger als das sollte Dir ein Leben voller Leichtigkeit, Lebensfreude und Gesundheit wert sein. Doch was genau sind an dieser Stelle die Kriterien, nach denen wir unsere Entscheidung treffen sollten? Welche Fragen darf ich mir unter anderem stellen, bevor ich eine Wahl treffe?

- Wann wurde die Firma gegründet und wie lange bewegt sie sich erfolgreich und zuverlässig auf dem Markt?
- Ist das Gerät ISO und TÜV zertifiziert sowie Partner der WaterQualityAssociation?
- Werden bei der Herstellung medizinisch zertifizierte Materialien verwendet?
- Wie sind die Elektrolyseplatten verbaut, welche Größe besitzen sie und besteht die Möglichkeit, einen Vorfilter zu erhalten, sodass ich mein Gerät in jedem Land individuell installieren kann?
- Gibt es eine regelmäßige, von Fachkräften durchgeführte Grundreinigung und können dort alle Teile problemlos ersetzt werden?
- Bekomme ich Unterstützung und Support von Gleichgesinnten und Experten?
- Habe ich Zugriff auf Informationsmaterial sowie Anträge und Formulare?
- Besitzt das Gerät eine Transformatoren- oder eine Abschalttechnik?

Der Hersteller – Familie, Vertrauen & Qualität

Seit 1974 bewegt sich die familiengeführte Firma mit Hauptsitz in Japan nun auf dem Markt der Wasserionisierer und versorgt alle Kontinente dieser Welt mit frischem Quellwasser.

Auf dem Markt wimmelt es jedoch mittlerweile nur so vor Anbietern, die eine unterschiedliche Bandbreite an Wasseraufbereitungssystemen anbieten. Doch keine dieser Firmen besitzt eine derart vertrauenswürdige Geschichte und Vision wie diejenige hinter dem Gründer H. Oshiro.

Nach vielen Jahrzehnten Produktion medizinischer Geräte spricht nicht nur die eigene OEM - Produktionsstätte (in der jedes Produkt und alle Einzelteile von Kunsthandwerkern hergestellt werden) sowie ein ISO zertifiziertes Qualitätskontrollverfahren durch QC Ingenieure für sich, sondern auch die Verwendung hochwertiger Materialien, die durch die Water Quality Association medizinisch zertifiziert sind.

Das Ziel des Unternehmens ist es jedem Menschen wahre körperliche Gesundheit, finanzielles Wohlbefinden und geistiges Wachstum zu ermöglichen und diese Aspekte miteinander zu verbinden.

Von Beginn an steht das Unternehmen somit für Lebensfreude, Unabhängigkeit und Prävention aber auch für persönliches Wachstum seiner Kunden auf allen Ebenen. Nach mehr als 40 Jahren erfolgreichem Bestehen auf dem Gesundheitsmarkt kannst Du also darauf vertrauen, dass es sich hierbei um eine Investition in die Zukunft handelt, bei der Du mit der nötigen Expertise und Liebe zum Produkt und Menschen begleitet wirst.

Die Bedeutung von Kangen

Wie schon vor vielen Jahren in den ursprünglichen Kulturen erkannt konnte ein reines und lebendiges Wasser, aus einer direkten Quelle der Natur, die Gesundheit und auch das Leben der Einwohner auf unerwartete Art und Weise beeinflussen.

Das Wort *„Kangen"* stammt ursprünglich aus dem japanischen Sprachgebrauch und bedeutet: *Zurück zum Ursprung.*

Mit all seinen einzigartigen Eigenschaften hilft das HappyWater unserem Körper somit dabei auf Zellebene zurück in sein ursprüngliches Gleichgewicht zu finden.

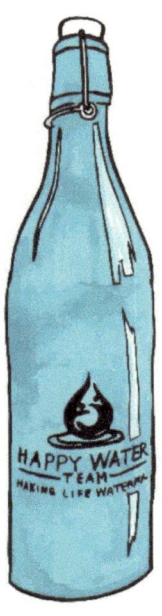

Das HappyWaterTeam – Support, Community & Spaß

Damit Du Dich mit Deiner eigenen Wasserquelle von Anfang an gut betreut und rundum wohl fühlst wurde das HappyWaterTeam 2016 von Gründerin Susanne Dulle ins Leben gerufen.

Von einfachen Anwendern bis hin zu Heilpraktikern und Biologen findest Du neben Deinem Sponsor immer den richtigen Ansprechpartner, der Dich auf Deinem Weg unterstützen kann.

Als Susanne Dulle in ihre Wasserquelle investiert hat, gab es kaum Informationen rund um die Anwendungsmöglichkeiten geschweige denn Erfahrungsberichte von weiteren Anwendern. Aus diesem Grund kannst Du heute nicht nur auf die Unterstützung einer großen Community zählen, sondern hast auch den Zugriff auf eine Onlineplattform die Dir alle wichtigen Informationen rund um Anwendung, Gesundheit und Business zur Verfügung stellt:

- Ein eigener Mitgliederbereich mit vielen Informationen, Tipps und Tricks
- Der Happy Water Team Shop
- Ein Businessbereich, um aus der Liebe zum Wasser ein zweites Standbein aufzubauen
- Wöchentlich inspirierende Onlinetreffen zum Austausch von Erfahrungen
- Whats App Gruppen rund um die Anwendung für zu Hause, Tiere, Pflanzen und Reisen
- Wasservorträge für Interessierte
- Live-Events und Veranstaltungen

TEIL 3 – DER AUFBAU DEINER WASSERQUELLE

In diesem Kapitel dreht sich alles um die praktischen Anwendungsmöglichkeiten des HappyWater in Deinem Alltag.

Doch, bevor wir uns den einzelnen Wassersorten und deren Einsatzmöglichkeiten zuwenden ist es möglicherweise interessant für Dich zu erfahren, was genau im Inneren Deiner Wasserquelle passiert, wie sie aufgebaut ist und wie Du am Ende frisches Quellwasser direkt aus dem Zapfhahn genießen kannst.

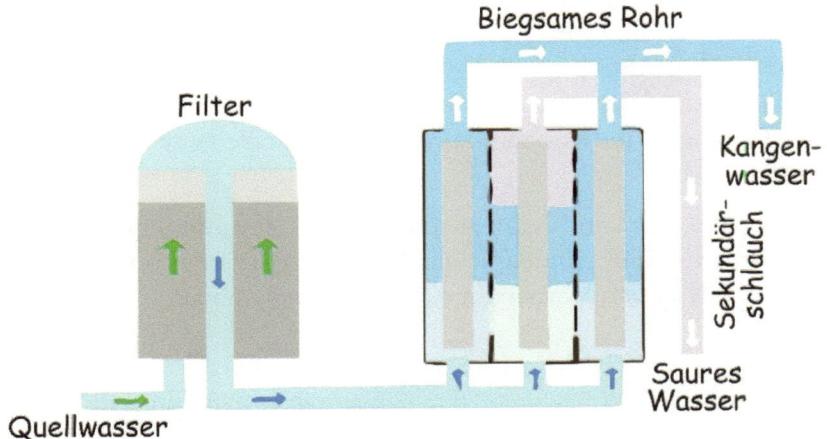

Der Filter

Warum ist ein Filter heutzutage wichtig?

Fassen wir noch einmal die Eigenschaften zusammen, die ein qualitativ hochwertiges und für den Körper verwertbares Trinkwasser ausmachen.

1. Frischer und lebendiger Geschmack
2. Frei von Rückständen und Chemikalien
3. Hexagonal strukturiert und zellverfügbar
4. Antioxidativ, elektronenreich und minusgeladen

Welches Bild erscheint vor Deinem inneren Auge, wenn Du an ein frisches, sauberes, lebendiges und zellverfügbares Wasser denkst?

Das Bild eines Wasserfalls, des Atlantiks oder auch einer Bergquelle? Ein Bild von einem Wasser, das sich verwirbelt, kraftvoll auf Stein aufprallt und Ausdruck purer Lebenskraft ist?

Oder die Vorstellung von einem Wasser, das nach zahlreichen und aufwendigen Filtrations- und Aufbereitungsprozessen unter Druck und auf Abruf durch gradlinige, kalte Rohre gepresst wird? Welches die Ablagerung der alten Rohre annimmt und auch feinstofflich mit Stromleitungen in Kontakt kommt, die parallel zur Wasserleitung entlanglaufen?

Stellen wir uns nun einmal die braune Grundwassersuppe aus Medikamentenrückständen, Pestiziden, Putzmittelresten und Abfällen vor, handelt es sich hierbei um ein hochsaures Milieu.

Auch wenn die Wasserwerke mit den Aufbereitungsmaßnahmen ihr Bestes geben, stoßen auch sie an ihre Grenzen.

Bei der Menge Spül– und Waschmittel, Körperpflegeprodukte, aber auch medizinischen Mittel aus Krankenhäusern sowie Pflanzenschutzmitteln, die täglich in unser von den Wasserkläranlagen zu reinigendes Grundwasser laufen, können wir nicht glauben, dass die veralteten Aufbereitungssysteme der Menge an vergiftetem Wasser noch Herr werden können. Aus diesem Grund bleibt eine bedenkliche Anzahl gesundheitsschädlicher Stoffe in unserem Leitungswasser zurück.

An dieser Stelle möchte ich jedoch ausdrücklich erwähnen, dass wir trotz all der Herausforderungen unendlich dankbar dafür sein können in einem Land zu leben, in dem es uns überhaupt ermöglicht wird, unbegrenzt auf „sauberes" Nutzwasser zugreifen zu können.

Um nun aber aus dem aufbereiteten Grundwasser ein wirklich sauberes Trinkwasser herzustellen, kommen seit einigen Jahren die hauseigenen Wasserfiltersysteme ins Spiel.

Neben Aktivkohlefiltern, Umkehrosmoseanlagen, Ionenaustauschgeräten, offenen Systeme oder Untertischanlagen wächst der Markt seit mehreren Jahren stetig an.

Der Filter einer HappyWater Wasserquelle besteht aus drei unterschiedlichen Schichten und dient der Vorbereitung des Wassers auf den Ionisierungsprozess.

Filterschicht 1 Calciumsulfat

Calcumsulfat dient der Entfernung von Schwermetallen aus dem Leitungswasser.

> 95% Blei, Arsen, Cadmium

> 90% Eisen

> 85% Chrom

> 75% Selen

> 60% Quecksilber

Filterschicht 2 Aktivkohle

Aktivkohle dient der Filterung von Bakterien, Viren und Chlor.

>99,99 % Viren (Noro, Polio, Roto etc.)

>99,99 % Bakterien (e.coli, legionella, pseudomonas etc)

>99,95 % Parasiten (Giardien, Cryptosporidium etc.)

Filterschicht 3 = Sedimentfilter:

Der Sedimentfilter dient der Entfernung diverser Rückstände aus dem Leitungswasser

- flüchtig organische Verbindungen

- Mikroplastik

- Medikamentenrückstände

- Pestizide

Des Weiteren bietet Dir der Hersteller die Möglichkeit, individuelle Vorfiltersysteme zu installieren falls Du in einem Land wohnst oder zu Besuch bist, in dem das Leitungswasser nicht wie in Deutschland ausreichend aufbereitet wird oder Du ganz spezielle Stoffe aus Deinem Grundwasser entfernen möchtest.

Der Elektrolyseprozess

Kommen wir nun zu dem Herzstück der HappyWater Wasserquelle. Bei dem Elektrolyseprozess handelt es sich um die Geburtsstätte Deines ionisierten Quellwassers. Dabei wird das Wasser nicht nur in seine molekulare Urstruktur zurückversetzt, sondern auch von feinstofflichen Schadstoffinformationen bereinigt.

Die Elektrolyse beschreibt einen physikalischen Prozess, der den Blitzeinschlag in ein natürliches Gewässer nachahmt.

Neben dem Filter auf der linken Seite der Wasserquelle befinden sich auf der rechten Seite im Falle der K8, acht platinbeschichtete Titanplatten. Diese Platten besitzen eine Größe von 135x75 mm. Durch ihre Größe und Form sowie dem hochwertigen Material besitzen sie außerdem eine hohe Langlebigkeit von erfahrungsgemäß bis zu 25 Jahren.

Ein Alleinstellungsmerkmal ist die Beschichtung mit medizinischem Platin. Dies ist notwendig, da es durch den ständigen Kontakt mit Strom durch die Transformatorentechnik von 230 Watt bei einer minderwertigeren Legierung schon nach wenigen Monaten bis Jahre zur Ablösung der Beschichtung kommen kann. Diese gelösten Metalle gelangen anschließend einerseits ungewollt in das Trinkwasser. Andererseits können die beschädigten Elektrolyseplatten das Wasser nicht mehr ausreichend ionisieren.

Erfahrungsbeispiele zeigen, dass das Wasser nach wenigen Jahren häufig einen neutralen bis leicht sauren pH – Wert sowie eine fehlende Minusladung aufzeigt.

Durch die Elektrolyseplatten wird das gefilterte Wasser auf molekularer Ebene in seine sauren H+ und basischen OH- Bestandteile aufgeteilt.

Die basischen OH- Ionen reagieren mit dem negativ geladenen Teil der Elektrolyseplatte und bilden **H2: molekularen Wasserstoff.**

Das Antioxidans im HappyWater.

Auf der anderen Seite bildet das Wasser um die positiv geladene Elektrodenplatte herum **O2: Sauerstoff**, welcher das Wasser an dieser Stelle sauer werden lässt.

Diese beiden Wasserarten werden getrennt aus der Wasserquelle ausgeleitet. Aus dem oberen Schlauch erhältst Du Dein ionisiertes Quellwasser. Aus dem unteren Schlauch wird das saure Oxidwasser abgeleitet, welches Du wunderbar im Haushalt verwenden kannst.

Daher entsteht bei einem Kangen® Wasserionisator kein Abwasser im klassischen Sinne, sondern sowohl ein Trink- als auch ein wirksames Gebrauchwasser.

Der große Unterschied zwischen der Elektrolysetechnik des Kangen® Wasserionisator ist die Transformatorentechnik. Durch die hohe Qualität der Elektrolyseplatten und der Beschichtung ist ein Elektrolyseprozess möglich der über Gleichstrom arbeitet. Nur ein Material von hoher Qualität kann gewährleisten, dass die Platten nicht erhitzen und ein einheitlich hochwertiges Elektrolyseergebnis erzielt wird. Im Vergleich dazu verwenden andere Hersteller die Abschalttechnik.

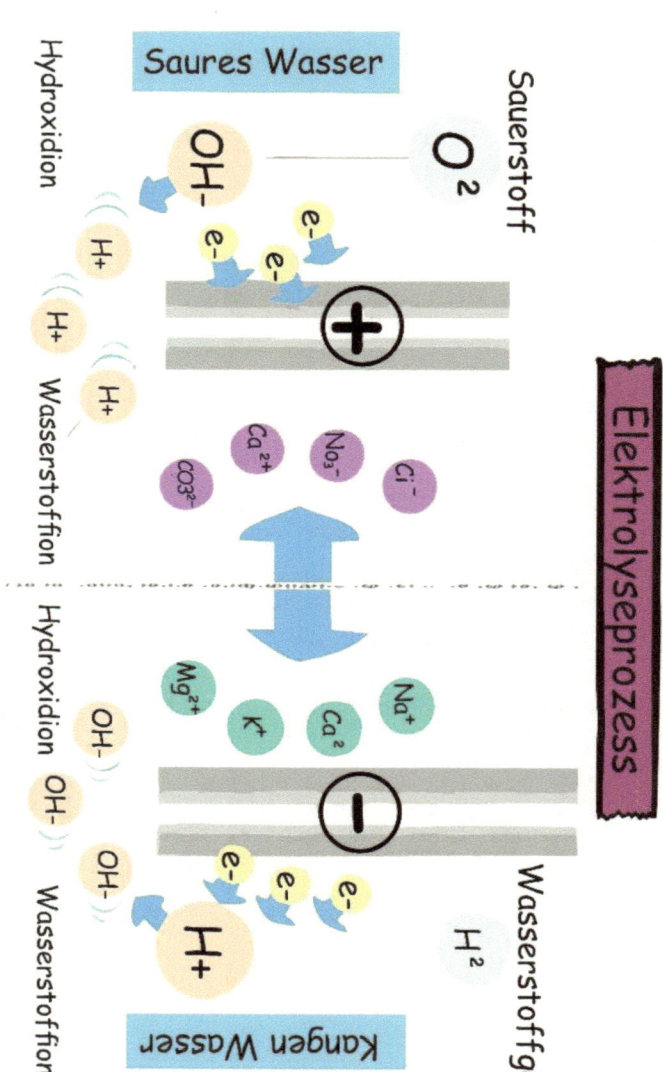

Saures Wasser

Sauerstoff

O^2

Hydroxidion OH-

e- e-

e-

(+)

H+

H+

Wasserstoffion H+

CO_3^{2-} Ca^{2+} No_3^- Ci^-

Mg^{2+} K^+ Ca^2 Na^+

Hydroxidion OH-

OH-

OH-

(−)

e- e-

e-

Hydroxidion OH-

Wasserstoffion

H^2

Wasserstoffgas

H+

Kangen Wasser

Wasserstoffion

Elektrolyseprozess

Die Pflege

Damit Deine Wasserquelle die kommenden Jahrzehnte einwandfrei funktioniert, gibt es für Dich vier Dinge zu beachten:

1. Der **Filterwechsel** steht nach spätestens 12 Monaten Nutzungsdauer und 6000 Litern gezapftem Wasser an, abhängig von der Qualität Deines Ausgangswassers. Das Alleinstellungsmerkmal Deiner K8 Wasserquelle ist jedoch die im Einstellungsmenü integrierte Verbrauchsanzeige. Du kannst also regelmäßig kontrollieren wann es an der Zeit ist den Filter auszutauschen.

2. Die **E Reinigung** soll spätestens alle 4 Wochen durchgeführt werden. Hierbei handelt es sich um die Entkalkung und Reinigung Deiner Wasserquelle. Das Reinigungspulver erhältst Du im Onlineshop. Das Menü deiner Wasserquelle führt Dich Schritt für Schritt durch den E – Reinigungsprozess.

3. Eine **Grundreinigung** steht alle 2 Jahre an. Hierfür schickst Du Deine Wasserquelle zusammen mit dem Antrag nach Düsseldorf in die Zentrale ein. Dort erhält Dein Gerät neben der Reinigung eine Generalüberholung bei der Ersatzteile falls nötig ausgetauscht werden.

4. Sollte Dein Wasser einmal nach Chlor schmecken kannst Du das Beautywasser pH – Wert 6 laufen lassen. So lassen sich mögliche Ablagerungen der Elektrolyseflüssigkeit auf den Elektrolyseplatten entfernen.

TEIL 4 - NACHHALTIGKEIT & ANWENDUNGSMÖGLICHKEITEN

1 Wasserquelle – 1000 Möglichkeiten

Plastik.

Kennst Du den Augenblick…

- …, wenn Du vor Deinem Putzregal stehst und den Wald vor lauter Flaschen nicht mehr siehst?
- …, wenn Die Tasche mit Plastikpfand wieder randvoll ist und wir keine Lust haben, noch einmal zum Getränkemarkt zu fahren?
- …, wenn das Kind über den Boden krabbelt und Dir gerade noch rechtzeitig einfällt, mit welchem chemischen Reiniger Du den Boden gewischt hast?
- …, wenn Du Deinen Badezimmerschrank öffnest und die ganzen Tiegel und Tuben siehst, mit vielen mysteriösen Inhaltsangaben auf der Rückseite?

Hast Du erst einmal einen Blick dafür entwickelt, wo sich in Deinem Alltag überall Plastik eingeschlichen hat gibt es kein Zurück mehr. Mein gesamtes Leben lang habe ich genauso wie oben beschrieben gelebt. Seit wenigen Jahren habe ich jedoch das Gefühl, dass sich etwas in unserer Welt verändern muss und spätestens mit dem Einzug meiner Wasserquelle habe ich gemerkt, wie massiv unser Plastikkonsum über die letzten Jahrzehnte hinweg zugenommen hat.

Und wie leicht es sein kann, diesem entgegenzuwirken.

Natürlich kann man nicht alle Menschen über einen Kamm scheren und in vielen Haushalten hat es in den letzten Jahren zu kleinen Revolutionen geführt, wenn herkömmliche Putzmittel, Plastikdosen und vieles mehr dem Biowaschmittel und der Glasflasche weichen durften.

Doch unsere Erde schreit nach mehr. Mehr Aufmerksamkeit, mehr Bewusstsein und mehr Natürlichkeit.

Wie verrückt ist es, dass wir unser gesamtes Leben lang Wasserflaschen von einem bis zum anderen Ende der Welt transportieren lassen, hochgerechnet fünfstellig dafür bezahlen, Kisten schleppen und anschließend in den meisten Fällen mit einem Produkt vorliebnehmen, welchem nicht nur alle Eigenschaften eines zellverfügbaren Trinkwassers fehlt, sondern zudem auch die Umwelt und unsere Gesundheit belastet?

Auch wenn wir bis dato vielleicht ein Biowasser von einer Heilquelle aus dem Reformhaus konsumiert haben, gibt es hier eine Information, die nicht fehlen darf: Der in diesem Wasser enthaltene Wasserstoff ist flüchtig. Selbst fest verschlossen reagiert der heilsame Wasserstoff der Quelle mit dem kleinen bisschen Sauerstoff, das bis zum Deckel der Flasche noch vorhanden ist, sowie dem Licht, welches durch die helle Flasche eindringt und verflüchtigt sich somit nach wenigen Tagen. Daher muss ein gesundes Quellwasser spätestens alle 2 bis 3 Tage frisch gezapft werden.

Eine eigene Wasserquelle im Haus zu haben hat aus diesen und vielen weiteren Gründen ausschließlich Vorteile. Es gibt kaum jemanden, der diese Investition bisher bereut hat, da auf einen schon kurzen Zeitraum sowohl Geld gespart als auch Gesundheit gewonnen und ein immens hoher Beitrag zum Wohl unserer Umwelt geleistet wird.

HappyWater – Dein Trinkwasser - pH 8,5 – 9,5

Diese Wassersorten sind primär dafür gedacht als Trinkwasser in Quellwasserqualität genossen zu werden.

Sobald Du mit dem Trinken beginnst denke daran, dass Dein Säure Basenhaushalt womöglich seit vielen Jahren aus dem Gleichgewicht geraten ist und er auf die Umstellung zu HappyWater mit diversen Entgiftungs- und Reinigungssymptomen reagieren KANN. Beginne mit der Umstellung individuell auf Deine Bedürfnisse abgestimmt.

Starte die ersten Wochen mit dem HappyWater pH 8,5. Anschließend entscheidet Dein Körper mit welcher Menge frischem Quellwasser er zurechtkommt. Dies variiert von einem Glas am Morgen auf nüchternen Magen in Kombination mit einfach gefiltertem Wasser bis hin zu drei Liter pro Tag.

Anwendungsmöglichkeiten

Kaffee- und Teezubereitung

Durch die hohe Zellverfügbarkeit dringt das HappyWater in die Struktur des Produktes ein. Du benötigst somit weniger Pulver/ Tee und erhältst ein ganz neues Geschmackserlebnis. Des Weiteren kannst Du Deinen Tee mit dem HappyWater hervorragend kalt aufgießen.

Aktivierung und Reinigung von Obst & Gemüse mit pH 9,5

Das HappyWater dringt in die Zelle der Lebensmittel ein und beeinflusst sie durch den hohen Wasserstoffanteil in ihrer Minusladung. Nebenbei entfernt es einen Teil der Rückstände auf der Außenfläche der Nahrungsmittel.

Zubereitung von Speisen

Neben einem intensiven Aroma hilft HappyWater dabei die Kochzeit zu reduzieren.

Anti Kater Mittel

Ein Glas HappyWater pH 9,5 vor, während und nach der Feier hilft dem Körper dabei den Alkohol effizienter zu verstoffwechseln.

Sauberes Wasser – gefiltertes Trinkwasser - pH 7,0

Dieses Wasser kannst Du für alles verwenden, da es mit seinem neutralen pH - Wert ein erstklassiges Filterwasser darstellt. Hierbei bleiben die Mineralien nach der Filterung im Trinkwasser enthalten.

Hauptanwendungsgebiete

- Medikamenteneinnahme
- Herstellung von Babynahrung

Beautywasser – leicht saures Wasser - pH 6

Wusstest Du, dass der pH - Wert Deiner Haut bei ca. pH 5,5 liegt? Mit dem Beautywasser hast Du also die Möglichkeit sowohl Deine Haut als auch die Haare auf natürliche und chemiefreie Art und Weise zu pflegen. Des Weiteren sorgt das leicht saure Wasser als natürliches Reinigungsmittel für streifenfreien Glanz in Deiner Wohnung.

Anwendungsmöglichkeiten

Hautpflege
Aufgrund seiner adstringierenden (zusammenziehenden) Eigenschaft findet das Beautywasser u.a. Anwendung als: Skin Conditioner, Gesichtswasser, Rasierwasser, Erfrischungsspray und sorgt nach dem Duschen oder dem Händewaschen für eine samtweiche Haut.

Geheimtipp: In einer Sprühflasche mit 1-3 Tropfen ätherischem Öl macht sich das Beautywasser hervorragend als Beautyspray zur Erfrischung für zwischendurch!

Haarpflege
Sprühe Deine Haare nach dem Waschen mit dem Beautywasser ausgiebig ein oder spüle sie damit aus, um einen seidenweichen Glanz und leichte Kämmbarkeit zu erzielen.

Reinigungsmittel

Leicht saures Wasser eignet sich hervorragend als Glasreiniger, Wischwasser oder Fliesenreiniger.

Tipp: Verwende das saure Gebrauchwasser aus dem Sekundärschlauch.

Kochen

Du liebst Deine Pasta al dente? Dann benutze das leicht saure Wasser, um sie darin zu kochen.

Pflanzen

Viele Pflanzen lieben das Beautywasser, weil es einen ähnlichen pH - Wert besitzt wie Regenwasser.

HappyWater 2,5 & 11,5

Neben dem ionisierten Kangen® Trinkwasser handelte sich bei der stark sauren sowie stark basischen Wassersorte um ganz besondere Edelwässer, die nicht nur die Gesundheit im besonderen Maß unterstützen können sondern auch im Alltag eine fast heldenhafte Rolle spielen.

Hergestellt werden können diese Wassersorten mithilfe der Elektrolyseflüssigkeit, die sich in dem kleinen Tank unten rechts in Deiner Wasserquelle befindet.

Hierbei handelt es sich lediglich um ein natürliches Natriumchlorid, auch als Kochsalzlösung bekannt. Diese Flüssigkeit sorgt dafür, dass die beiden pH - Werte erreicht und für eine gewisse Zeit stabil gehalten werden können.

Offiziell wird vom Verzehr abgeraten. Für weitere Anwendungszwecke geben ich Dir im Anhang Lektüre mit an die Hand.

Stark saures Wasser - pH 2,5

Bei dem stark sauren Wasser handelt es sich um das Desinfektionsmittel der Zukunft. Abgesehen von einem kleinen Anteil Chlorid enthält es keinerlei Zusatzstoffe.

Innerhalb weniger Sekunden tötet es Viren, Bakterien und Pilze zuverlässig ab.

Anwendungsmöglichkeiten

Lebensmittelreinigung
Entferne Bakterien und Viren von Deinem Obst, Gemüse, Fleisch oder Fisch.

Wichtig: Zum Neutralisieren bitte anschließend für einen kurzen Moment in HappyWater pH 9,5 einlegen.

Desinfektion von Kochutensilien, Küchenoberflächen, Badoberflächen, Zahnbürsten, Putzutensilien etc.

Entfernung von Tee & Kaffeeflecken

Weiche die entsprechende Stelle im stark sauren Wasser ein, wasche sie anschließend aus oder gebe sie direkt mit in die Waschmaschine.

Wundreinigung

Das stark saure Wasser eignet sich ausgezeichnet zur Wunddesinfektion. Hierbei kommt es ohne den typisch brennenden Effekt eines herkömmlichen Desinfektionsmittels aus, da es keinen Alkoholzusatz enthält.

Mundspülung / Entzündungen im Hals-/Rachenraum

Sowohl bei der regelmäßigen Mundraumpflege als auch bei einem Anflug von Halsschmerzen und Entzündungen im Rachenraum hilft das stark saure Wasser schnell und zuverlässig. Nutzt Du es als Mundspülung, verwende 1 – 3 Tropfen ätherisches Öl und spüle anschließend mit einem neutralen Wasser gut nach.

Solltest Du mit Halsschmerzen oder Entzündungen im Rachenbereich zu kämpfen haben, kannst Du mehrmals über den Tag verteilt mit dem Wasser gurgeln oder aber auch mit einer Sprühflasche mit dem stark basischen Wasser im Wechsel den entzündeten Bereich in der Regeneration unterstützen.

Hautprobleme

In Kombination mit dem stark basischen Wasser bildet das stark saure Wasser vor allem bei Hautirritationen und Wunden eine kleine Hausapotheke, die zuverlässig und nachhaltig wirkt. Benetze die betroffene Stelle zunächst mit dem stark sauren Wasser und anschließend mit dem stark basischen Wasser. Wiederhole dies gerne mehrmals täglich und beobachte, was sich bereits nach wenigen Tagen verändert.

Stark basisches Wasser - pH 11,5

Bei dem stark basischen Wasser handelt es sich um ein starkes und natürliches Reinigungs- und Gesundheitsmittel. Reinigend wirkt es aufgrund seiner fettlöslichen Eigenschaft und gesundheitsfördernd wegen des hohen Gehaltes an molekularem Wasserstoff.

Anwendungsmöglichkeiten:

Reinigung von Obst und Gemüse
Wie Du weißt, wird ein Großteil unserer natürlichen Lebensmittel in der Landwirtschaft mit unterschiedlichen Pestiziden und Sprühmitteln versetzt. Aus diesem Grund wurden wir schon immer darauf hingewiesen, unser Obst und Gemüse vor dem Verzehr gründlich zu waschen. Dass jedoch ein Großteil der verwendeten Sprühmittel auf einer Ölbasis hergestellt wird, die von Leitungswasser nicht abgewaschen werden können, wird selten kommuniziert. Welch ein Glück, dass unser stark basisches Wasser fettlöslich ist!

Lege daher Dein Obst und Gemüse vor dem Verzehr für ca. 10 – 15 Minuten in dem stark basischen Wasser ein.

Einweichen von Nüssen, Reis, Hülsenfrüchten
Entferne durch das Einweichen Pestizide und Rückstände und hebe die Wirkung von Antinährstoffen auf um die Verdaulichkeit des Nahrungsmittels zu erhöhen.

Spül – sowie Reinigungsmittelersatz

Kennst Du den unangenehm beißenden Duft vieler Reinigungsmittel? Fühlst Du Dich unwohl bei dem Gedanken, dass Dein Kind oder Dein Haustier über den mit chemischen Mitteln gereinigten Boden krabbelt?

Ab sofort kannst Du Stück für Stück damit beginnen Deine alten Reinigungsmittel gegen das stark basische Wasser einzutauschen, da es genau so zuverlässig und auf natürlichem Weg selbst hartnäckige Flecken von Deinen Oberflächen wie z.B. Ceranfeld, Geschirr, Brillengläser, fettige Oberflächen oder Alufelgen entfernt.

Hautreinigung und Make Up Entfernung

Nutze das stark basische Wasser als Reinigung für Deine Haut. Du erhältst ein noch besseres Reinigungs- und Pflegeergebnis, wenn Du das Wasser mit einem Schuss naturbelassenem Öl vermengst. Dadurch, dass das stark basische Wasser mit dem Öl emulgiert, entsteht eine cremige Konsistenz, die Deine Poren von überschüssigem Talg und Schmutz befreit und pflegt.

Auch Dein Make - Up lässt sich mit dieser Mischung spielend leicht und ohne chemische Zusatzstoffe entfernen.

Körperpflegelotion

Vermenge 2/3 naturreines Öl mit 1/3 stark basischem Wasser, welches seine optimale Fähigkeit zu emulgieren nach ca. 3 Tagen erreicht hat, um Deine eigene Körperpflege herzustellen. Wichtig hierbei ist, ein wirklich naturreines Öl wie z.B. Sesamöl, Jojobaöl oder Mandelöl zu verwenden.

TEIL 5 – KUNDENSTIMMEN

„Ich hatte das große Glück und durfte das HappyWater 3 Wochen lang testen. Eine Woche davon sogar mit Leihgerät. Ich habe es gerne getrunken, dadurch mein Trinkverhalten positiv beeinflusst und mich nach all den guten Erfahrungen für den Kauf einer K8 entschieden. Während der Lieferzeit ohne HappyWater kamen meine schlechten Trinkgewohnheiten direkt zurück. Das gewöhnliche Wasser schmeckte nicht und mehr als einen halben Liter mochte ich nicht mehr trinken. Nach nur wenigen Tagen kam die Erlösung durch den Paketboten!

– Katharina W.

„Nach der Diagnose Colitis Ulcerosa befand ich mich lange auf der Suche nach Hilfe. Im Anschluss an zahlreiche alternative Heilmethoden entdeckte ich im Mai 2020 das HappyWater, recherchierte und wusste, es wird mir helfen. Ein Jahr später sind meine Blutwerte unauffällig und ich kann wieder schmerzfrei meinen Tag genießen. Wenn mal wieder ein Symptom auftaucht, kann ich sowohl mit HappyWater als auch mit den Gesundheitswässern 2,5 und 11,5 meinen Körper wieder ins Gleichgewicht bringen. Der Gang zum Arzt ist für mich heute Vergangenheit. Habe ich eine Frage, kann ich mich jederzeit an die Heilpraktiker/innen in unserem Team wenden"

– Stefanie K.

„Nach 4 Wochen HappyWater stieg mein Energiepegel deutlich an. Ich schlafe tiefer und brauche weniger Schlaf. Ich bin leistungsfähig, Mittagsschläfchen sind nicht mehr nötig und ich schlafe abends auf der Couch nicht mehr ein. Seitdem weiß ich, wer der Mörder ist beim Tatort :-). Meine gesamte Familie trinkt das Wasser seit Februar 2019 und ist seitdem nur noch sehr selten leicht krank. HappyWater hat unser Leben verändert."

- Silvia P.

„Ich lernte das Wasser durch meine Heilpraktikerin kennen. Da ich vorher in der Praxis bereits gefiltertes Wasser trank, war ich zunächst sehr skeptisch und desinteressiert. Ein weiteres elektrisches Gerät in der Küche fand ich sowieso überflüssig. Nach einiger Zeit Probetrinken bemerkte ich, dass ich deutlich mehr Energie hatte und auch mit dem Fahrrad die Steigungen spielend leicht hochfuhr, obwohl ich früher abgestiegen bin. Meine Heilpraktikerin sagte mir, dass dies ganz sicher durch das Wasser begründet war. Dann kam der Tag, an dem es mir wie Schuppen von den Augen fiel: Ich war bei einem Vortrag zum HappyWater. Die wichtigsten Themen, die ich meinen Klienten zum Thema Ernährung regelmäßig näherbrachte, wurden hier bedient: Säure-Basen-Haushalt, Antioxidantien, Zellverfügbarkeit! Mir war klar: Das Wasser ist die perfekte Lösung für JEDEN! Trinken müssen wir schließlich alle. Und dass meine Kinder immer noch Plastikflaschen mit in die Schule nahmen, war mir ohnehin schon lange peinlich.

Also hatte ich bald eine eigene K8 in der Küche. Und nun das Beste: Trotz meiner jahrzehntelangen gesunden und überwiegend basischen Ernährung hatte ich früher Kniearthrose. Die Schmerzen konnte ich zwar mit hochwertiger Nahrungsergänzung eindämmen, aber die Knie waren immer geschwollen und wenn ich meine

Kapseln mal vergessen hatte, waren die Schmerzen direkt wieder da. Nach ungefähr einem halben Jahr HappyWater gingen nicht nur die Schmerzen, sondern auch die Schwellungen wieder zurück. Ich habe nun mit Mitte fünfzig wieder schlanke Knie und kann nach Herzenslust wandern und joggen. Es ist ein unbezahlbares Plus an Lebensqualität! Danke HappyWater!"

- Britta S.

„In meinem Kopf schwirrte schon immer der Gedanke: „Es muss doch ein Getränk geben, das einfach alles Unwohlsein aus mir heraus spült". Ich kannte damals nur den Britafilter und Sodastream, die mir jedoch aus dem Bauch heraus nicht gefielen. Nachdem ich zu einem Wasservortrag eingeladen wurde, stand fest: Ich brauche eine eigene HappyWater Wasserquelle. Je länger ich das HappyWater getrunken habe, desto mehr konnte sich mein Körper zunächst von dem verschleimten Rachen befreien. Des Weiteren sehe ich besser. Mein Blick ist deutlich klarer geworden und die Lesebrille verwende ich nur noch selten. Je regelmäßiger ich trinke, desto mehr verändert sich außerdem meine Haut. Mein Körper wurde, wie ich es mir immer gewünscht habe, frei gespült von allen alten Schlacken und Stoffwechselendprodukten. Mit einfachem Leitungs- oder Flaschenwasser habe ich es niemals auf die empfohlenen 2 – 3 Liter Trinkmenge täglich geschafft. Mit dem HappyWater ist das gar kein Problem! Es fühlt sich endlich leicht an!

- Ruth H.

„Ich trinke das HappyWater seit August 2020 und im Zeitalter von Corona kann ich im Gegensatz zu vielen anderen sagen: Es geht mir super und mit jedem Tag noch ein bisschen besser! Ich konnte die Medikation gegen den Bluthochdruck halbieren, im zweiten Schritt auch die Insulingabe. Derzeit mache ich aus dem Handbuch der Hydroxypathie die Kur für Diabetes Mellitus und spritze morgens und mittags gar kein Insulin mehr! Die äußerlich bisher größte Veränderung ist die Umfangreduzierung meines Lipödems. Ich wurde im Januar vermessen und an allen Messstellen sind insgesamt 45 cm geschmolzen, allein 15 cm davon in der Hüfte. Ein großartiges Gefühl und das ist erst der Anfang.“

- Bianca W.

„Mein Vater, damals 89-jährig, hatte letzten Herbst den Wunsch an mich herangetragen, sich beide Knie operieren zu lassen, da seine Arthrose so schmerzte und er immer Schmerzmittel vor allem zum Golfen nehmen musste, um seine 9 Löcher noch gehen zu können. Daraufhin erwiderte ich, bevor er das machen würde, müsste er sich jetzt die K8 anschaffen und 3 Monate HappyWater trinken und wenn das nichts bringe, dann würde ich ihm mit der OP-Planung weiterhelfen.

Gesagt, getan. 4 bis 5 Wochen später erwähnte er ganz nebenbei, die Schmerzen hätten sich schon so weit reduziert, dass er nun wieder ohne Medikamente zurechtkommt. Und der Erfolg hält an! Sein Blutdruck hat sich nach 6 Monaten HappyWater trinken ebenfalls merklich um 10-15 Punkte im systolischen und diastolischen Wert nach unten verbessert und liegt jetzt hoch im Normalbereich!!

-    Eva S.

„Ich bin mit einer Bekannten und unseren beiden Hunden eine Gassirunde gelaufen und habe ihr von unserem Wasser erzählt. Auch davon, dass es sogar unseren Haustieren gut bekommt. Daraufhin erwiderte sie, dass man ihren Hund davon wohl nicht überzeugen könnte, da er kein Leitungswasser mehr aus seinem Napf trinken würde und sie aus diesem Grund mit ihm immer bis zum Bach laufen müsste.Nach dem Spaziergang sind wir mit beiden Hunden noch bei mir zu Hause eingekehrt. Und was ist passiert?

Ihr Hund machte sich sofort über den Wassernapf her, welcher immer mit unserem 8,5 er HappyWater bereitsteht und schleckte ihn komplett leer. Ab diesem Moment war sie nicht nur sprachlos, sondern auch so überzeugt, dass nun die gesamte Familie das Wasser trinkt."

- Petra F.

„Seit 5 Monaten trinke ich nun das HappyWater und konnte einige wundervolle Veränderungen an meinem Körper und in meinem Leben feststellen. Zunächst einmal komme ich morgens nach Jahren der Müdigkeit wieder leicht und motiviert aus dem Bett. Des Weiteren hat sich meine Verdauung reguliert, ich leide weniger unter Heißhungerattacken auf Süßigkeiten und meine Fingernägel sind wieder stark und schön.

Äußerst spannend finde ich im Vergleich zu damals, dass ich, egal wie viel Wasser ich trinke, keinen Wasserbauch habe. Kein Gluckern. Kein Völlegefühl. Zudem erlebe ich das erste Mal, dass ich Wasser wirklich gerne trinke, weil es mir schmeckt. Das hätte ich vorher nie gedacht."

- Jasmin I.

Mein 14 – jähriger Kater litt unter chronischer Niereninsuffizienz Stufe 2 und Arthrose Beschwerden sowie einem Lebertumor.

Seit ich meine eigene Wasserquelle zu Hause habe, koche ich sein Futter mit 9,5 er HappyWater und gebe ihm dies auch zu trinken. Was ist seitdem passiert? Die Niereninsuffizienz ist geheilt und die Werte waren nach 6 Wochen top. Er hat keine Arthrose Beschwerden mehr und die Enzymtherapie für den Lebertumor schlägt endlich an. Nie wieder möchte ich mein HappyWater gegen etwas anderes eintauschen."

- Jasmin I.

„Mein 10 Jahre alter Berner Mix Charly leidet seit ca. 2 Jahren unter mehreren Geschwüren am Körper. Als Familie haben wir uns jedoch gegen eine Untersuchung oder Biopsie entschieden, da dies einerseits bei Hunden im Freundeskreis oft schnell zu Verschlechterungen führte und andererseits eine Chemo für uns grundsätzlich nicht infrage kam.

Charly trinkt nun seit fast 3 Monaten HappyWater. Er und sein Border Collie Freund Buster dürfen immer zwischen 8,5er und 9,5er Wasser entscheiden. Das Leitungswasser wurde ab dem zweiten Tag nicht mehr angerührt!

Und jetzt zum Ergebnis: Charlys Geschwüre sind in der Größe um die Hälfte reduziert! Er ist fitter, hat kaum noch Gelenkprobleme und zudem hat sich der Zahnstein von beiden fast vollständig aufgelöst. Um ein sicheres Ergebnis zu erhalten, haben wir in der Zwischenzeit keine anderen Maßnahmen angewendet."

- Familie Burk

„Direkt vom ersten Tag an hatte ich im Vergleich zu Flaschen- und Leitungswasser kein Problem mehr damit 2 – 3 Liter HappyWater zu trinken. Sowohl durch die erhöhte Wassermenge, aber auch durch die wundervollen Eigenschaften des Wassers gewann ich schnell an Energie und fühlte mich im Alltag wohler. Des Weiteren habe ich mit dem Wasser (und zu Beginn Nahrungsergänzung) meine Kniearthrose in den Griff bekommen und kann wieder schmerzfrei laufen."

- Simone R.

„Ich habe seit 20 Jahren unerklärbare Muskelschmerzen. Neben Fibromyalgie stand auch Hashimoto im Raum, beides konnte jedoch nicht als Diagnose gefestigt werden. Nach einem halben Jahr HappyWater kann ich spüren, dass ich wesentlich mehr Energie habe, mein Kopf klarer ist und ich mit der Schmerzsituation besser umgehen kann. Ich gebe mir Zeit. Denn was 20 Jahre manifestiert war, kann schließlich nicht nach einen ¾ Jahr verschwinden. Mein Mann machte außerdem die Erfahrung, dass er nach 2 Monaten HappyWater keine magenberuhigenden Tropfen nach dem Essen einnehmen muss. Das Brennen im Magenausgang ist vollkommen verschwunden. Des Weiteren litt er viele Jahre unter allergischen Reaktionen auf Kreuzblüter, dieses Jahr ist er komplett symptomfrei. Durch das HappyWater sind wir den gesamten Tag über energiegeladen und fit.

2 Liter oder mehr täglich sind kein Problem mehr für uns. Zusätzlich verwenden wir das Wasser zum gesamten Hausputz, schützen damit die Umwelt und auch zur Hautreinigung oder Erfrischung im Sommer verwenden wir ausschließlich das Beautywasser."

- Helga S.

„Das Wasser nicht gleich Wasser ist, habe ich zum ersten Mal in der Zeit erfahren dürfen, als mein Körper mit einer Bronchitis zu kämpfen hatte. Ich habe direkt gespürt, dass das HappyWater bei mir in den Zellen ankommt. Mein Körper hat mehr Wasser nachgefordert und dadurch, dass ich meine eigene Quelle schon im Haus hatte, auch bekommen. Nach einer Woche war ich wieder fit genug, um zur Arbeit zu gehen. Ich kann mich noch daran erinnern, dass ich mit einer Bronchitis sonst drei Wochen zu tun hatte, bis ich wieder fit wurde.

Das Happy Water ist für mich der Schlüssel zu mehr Lebensqualität. Ich erlebe täglich mehr Beweglichkeit und Energie, die ich für mich zur Verfügung habe. Durch mein Lip – Lymphödem werde ich halbjährlich vermessen für neue Kompression. Es ist faszinierend zu beobachten, wie sich die Maße seitdem stetig verringern.“

- Marion D.

„Nachdem wir im Anschluss an den gemeinsamen Besuch eines Wasserabends das HappyWater mit der Leihmaschine nutzen durften, kann ich mich noch sehr gut an die Aussage meines Mannes erinnern: „Wenn auch nur die Hälfte dessen stimmt, was auf dem Wasservortrag erzählt wurde, dann sollten wir es uns wert sein“. Daraufhin haben wir die K8 zur Prävention bestellt und aus unserem eigenen Rententopf bezahlt. Das HappyWater hat sich so tief in unsere Herzen geschlichen, dass wir anderen Menschen unbedingt die Chance geben wollten, es auch auszuprobieren. Aus diesem Grund habe ich damit begonnen, das HappyWater weiterzuempfehlen. Mit dieser Intention bin ich jetzt in der Lage, mir ein stabiles Einkommen zu sichern, anderen Menschen Gesundheit zu schenken und meine Familie zukünftig sicher versorgt zu wissen.“

- Ulrike C.

TEIL 6 – FRAGEN & ANTWORTEN

Allgemeines

Welche Kosten kommen im Jahr auf mich zu?

Filterwechsel für 93 € netto. Jeweils im Frühjahr als auch im Herbst bietet die Firma einen Sale an, bei dem Du Deinen Filter für nur 73 € netto erhalten kannst.

E Reinigung mit Reinigungspulver: 20 € für 12 Monate

Elektrolyseverstärker je nach Bedarf: ca. 3 € pro Flasche

Gehen wir davon aus, dass wir regulär alle 2 Monate eine neue Flasche EV benötigen, kommen wir hochgerechnet auf zusätzliche Gesamtkosten von rund 120 €/Jahr.

Was hat es mit dem ORP Wert auf sich?

Der ORP Wert bedeutet übersetzt „Oxidations Reduktions Potenzial" und wird in mV gemessen. Er beschreibt die Fähigkeit einer Flüssigkeit, eine oxidative oder reduktive Reaktion im Körper zu erzeugen. Mit einem speziellen ORP Messgerät kann man diesen Wert in der Flüssigkeit messen. Bewegt sich der Wert in einem positiven Bereich, ist das Oxidationspotenzial hoch und das Getränk ist schädlich für unsere Zellen. Besitzt die Flüssigkeit einen negativen ORP Wert, wirkt es antioxidativ und verjüngend auf unsere Zellen. Der ORP Wert von HappyWater bewegt sich ab – 300 mV abwärts. Der ORP Wert herkömmlicher Getränke und Wassersorten häufig bei +220 mV aufwärts.

Dürfen meine Haustiere das HappyWater trinken?

Auf jeden Fall! Nicht nur wir Menschen, sondern auch unsere Haustiere sind dem täglichen Alltagsstress ausgesetzt und zeigen Symptome einer körperlichen Übersäuerung. Da unsere Tiere einen gesunden Instinkt für alles haben was ihnen guttut empfehle ich Dir Deinen Liebling selbst entscheiden zu lassen, welches Wasser er trinken möchte. Dafür kannst Du zwei Näpfe mit unterschiedlichen Wassersorten bereitstellen. Sollte Dein Tier erkrankt sein, wende Dich natürlich an den Tierarzt Deines Vertrauens aber auch gerne an Deinen Sponsor oder die HappyWaterTeam WhatsApp Gruppe „Tiere".

Welchen Vorteil hat es das die Wasserquelle mit Strom betrieben wird?

Bei Strom handelt es sich um eine natürliche und reproduzierbare Ressource. Jeder Organismus auf der Welt, jede Zelle und jedes in der Natur vorkommende Lebewesen besitzt eine elektrische Spannung. Daher ist es der ursprünglichste Weg, den Elektrolyseprozess mit Hilfe von Elektrizität zu aktivieren und die Zellen mit ihrer natürlichen elektrischen Spannung nähren zu können. Die Verwendung von Strom ahmt den Prozess des Blitzeinschlags in ein Gewässer nach. Dadurch, dass die Wasserquelle Strom zur Herstellung des Quellwassers verwendet, werden keine zusätzlichen Substanzen benötigt, die regelmäßig ausgetauscht werden müssten oder verbraucht werden könnten. Dein Wasser ist daher unabhängig nahezu an jedem Ort der Welt reproduzierbar.

Der Filter

Welche Funktion hat der Filter?

Der Filter Deiner HappyWater Wasserquelle besteht aus drei hochwertigen Schichten:

1. Calciumsulfat: Dient der Entfernung von Schwermetallen aus dem Leitungswasser

2. Aktivkohle: Dient der Filterung von Bakterien, Viren und Chlor

3. Sedimentfilter: Dient der Entfernung von Medikamentenrückständen etc. aus dem Leitungswasser

Das hochwertige Filtersystem entfernt 99,9 % aller pathogenen Keime, darunter Viren und Bakterien, aber auch Arsen, Chrom, Mikroplastik und viele weitere schädliche Bestandteile. Der Filter ist darauf ausgelegt das Leitungswasser optimal auf die Hauptfunktion, den Elektrolyseprozess, vorzubereiten. Solltest Du Dich in einem Land aufhalten, in dem das Leitungswasser keine Trinkwasserqualität besitzt, bietet das Unternehmen die Möglichkeit, einen speziellen Vorfilter zu integrieren, um das Wasser optimal und sicher aufzubereiten.

Muss ich den Filter oder andere Bestandteile regelmäßig austauschen?

Die integrierte Filteranzeige zeigt Dir an, wann Dein Filter spätestens gewechselt werden muss. Die Bemessungsgrundlagen beziehen sich auf das Filteralter und die erzeugte Wassermenge.

Grundsätzlich gilt den Filter nach 6000 Litern oder spätestens 1x jährlich zu wechseln.

Wichtig: Der Filter mag kein warmes Wasser bis 35°, da es die herausgefilterten Stoffe zum Wachstum anregen kann.

Ein weiteres Element, welches in regelmäßigen Abständen aufgefüllt werden muss ist die Elektrolyseflüssigkeit, um sowohl stark saures als auch stark basisches Wasser herzustellen.

Wichtig: Dieser Zusatz wird ausschließlich für die Herstellung von stark saurem sowie stark basischem Wasser benötigt und steht nicht in Verbindung mit dem durch Elektrolyse hergestellten HappyWater Trinkwasser pH 8,5 -9,5.

Die Elektrolyse

Woraus bestehen die Elektrolyseplatten und können sie abnutzen?

Die Elektrolyseplatten bestehen aus Titan und sind mit medizinischem Platin beschichtet. Dieses Produktmerkmal garantiert die Langlebigkeit der Elektrolysezelle sowie die anhaltende Produktion von minusgeladenem Wasser, welches reich an molekularem Wasserstoff ist. Die Erfahrungen der letzten Jahrzehnte und der hauseigenen Produktion lassen den Schluss zu, dass eine vorzeitige Abnutzung im klassischen Sinne nicht möglich ist.

Woraus besteht die Elektrolyseflüssigkeit und wofür wird sie verwendet?

Die Elektrolyseflüssigkeit enthält destilliertes Wasser, Natriumchlorat sowie einen geringen Anteil Natriumhypochlorid, um die Flüssigkeit zu stabilisieren. Bei Natriumchlorat handelt es sich um eine Verbindung aus Natrium und Chlorid. Das Natrium benötigen wir ausschließlich um hoch basisches Wasser mit dem pH – Wert 11,5 zu produzieren, den Chlorid Anteil um hoch saures Wasser mit dem pH – Wert 2,5 herzustellen.

Wie viel Wasser kann ich mit der Elektrolyseflüssigkeit produzieren?

Mit den im Lieferumfang enthaltenen 400 ml Elektrolyseflüssigkeit lassen sich sowohl 20 Liter stark basisches Wasser pH 11,5 als auch 10 Liter stark saures Wasser pH 2,5 herstellen. Ist die Flüssigkeit aufgebraucht, lässt sie sich im Onlineshop nachbestellen.

HappyWater als Reisebegleitung

Kann ich meine Wasserquelle mit in den Urlaub nehmen?

Aufgrund ihrer komfortablen Handgepäckgröße und des einfachen Installationsvorgangs bietet sich Deine Wasserquelle als perfekte Reisebegleitung an.

Wichtig: Entferne den Elektrolyseverstärkertank bevor Du das Gerät verstaust und lagere den Tank in einem separaten Fach. Sollte die Flüssigkeit bei Erschütterungen die Elektrolyseplatten berühren, könnten diese zu Schaden kommen.

Was muss ich beachten, wenn ich längere Zeit nicht zu Hause bin?

Solltest Du Deine Wasserquelle nicht mitnehmen, entferne den Filter und lagere ihn bis zu Deiner Rückkehr im Kühlschrank.

Die Reinigung

Wie häufig muss ich die Maschine reinigen lassen?

Alle zwei Jahre empfiehlt die Firma eine Tiefenreinigung der Maschine von ihrem Fachpersonal vornehmen zu lassen. Dafür füllst Du den Reparaturantrag aus, legst ihn mit in die Verpackung und versendest Dein Wasserquelle versichert per DHL an die Zentrale in Düsseldorf. Die Kosten für den Rückversand übernimmt die Firma.

Wie funktioniert der E Reinigungsprozess?

Ein Alleinstellungsmerkmal der Wasserquelle ist der integrierte E Reinigungsvorgang. Hierbei handelt es sich um die Reinigung oder auch Entkalkung Deiner Quelle mit Zitronensäure. In dem Einstellungsmenü findest Du unter der Option „E – Reinigung" eine Schritt für Schritt Anleitung. Je nach Kalkgehalt des Leitungswassers empfiehlt es sich, spätestens alle 4 Wochen eine E Reinigung durchzuführen.

Warum und wann reinigt sich meine K8 von allein?

Da es sich bei Deiner Wasserquelle um ein medizinisches Gerät handelt wurden weitere automatisierte Reinigungsmechanismen integriert. Somit reinigt sie sich in folgenden Fällen von allein: Nach der Produktion von stark saurem und stark basischem Wasser, nach einer Nichtverwendung von 24 Stunden sowie einer Zapfdauer von 10 Minuten und dem Zapfen von Beautywasser.

Das Wasser

Mein Wasser schmeckt merkwürdig. Was ist der Grund dafür?

Dies kann sowohl mechanische als auch körperliche Ursachen haben.

Schmeckt das Wasser leicht chlorhaltig kann es hilfreich sein, eine Zeit lang das Wasser mit dem pH-Wert 6 laufen zu lassen. Hierbei findet eine Umpolung der Elektrolyseplatten statt und damit einhergehend die Reinigung der Platten von Rückständen der Elektrolyseflüssigkeit.

Kontrolliere in diesem Fall auch das Alter Deines Filters. Ist dieser schon über sein Verwendungsdatum hinaus, kann es durchaus zu einem Geschmacksunterschied kommen.

Des Weiteren kann ein Nebengeschmack ein Hinweis auf eine körperliche Organschwäche sein. An dieser Stelle ist es spannend zu testen, bei welcher Wassersorte die Geschmacksveränderung auftritt und ggf. für einen gewissen Zeitraum einen niedrigeren pH-Wert zu wählen und das Organ mit weiteren Maßnahmen zu unterstützen.

1. Salzig – Bindegewebe und Muskulatur

2. Fischig – Leber

3. Ammoniak – Niere, Harnsäureüberschuss

4. Schwefel – Galle

5. Süß – Pankreas, Drüsensystem

6. Sauer – Magen, Schleimhäute

7. Scharf – Blutkreislauf, Herz

Wie kann ich den pH-Wert meines Wassers testen?

Um den pH-Wert des HappyWater sowie andere Flüssigkeiten im Vergleich zu testen, liegen Deiner Wasserquelle spezielle pH Testtropfen bei die für genau diesen Zweck entwickelt wurden. Wir empfehlen für ein optimales Ergebnis das Wasser einige Sekunden laufen zu lassen und den entsprechenden Mittelstrahl für die Testung zu verwenden.

Häufig kommt es zu Missverständnissen, wenn Interessenten das HappyWater mit den herkömmlichen Lackmusstreifen austesten. Diese sind nicht für eine Wassertestung geeignet, sondern auf die Messung von Urin und Speichel ausgelegt. Daher werden sie in der Regel immer ein und dasselbe leicht dunkelgrüne Ergebnis anzeigen, unabhängig davon, welches Wasser getestet wird.

Ich sehe kleine Bläschen in meinem Wasser. Warum ist das so?

Hierbei handelt es sich um die Antioxidantien in Deinem HappyWater. In dem frisch produzierten Quellwasser kannst Du hervorragend den durch die Elektrolyse freigesetzten molekularen Wasserstoff sehen, der in Form von kleinen Wasserstoffblasen in Deinem HappyWater schwebt. Je nach Höhe des pH-Wertes entdeckst Du davon mehr oder weniger.

Was passiert mit dem Wasser, wenn ich es erhitze oder einfriere?

Das HappyWater kann zum Kochen aber auch zum Tee aufgießen sowie für Eiswürfel verwendet werden. Es verstärkt sowohl den Geschmack als auch die Zellverfügbarkeit der Nährstoffe.

Die Grundregel lautet: Antioxidantien gehen ab einer Temperatur von 42 ° Celsius sowie beim Gefrieren verloren. Alle weiteren Vorteile und wertvollen Eigenschaften des HappyWater bleiben Dir jedoch trotzdem weiterhin erhalten.

Kann ich meine Medikamente mit dem HappyWater einnehmen?

Da HappyWater die Eigenschaft der hohen Zellverfügbarkeit besitzt sorgt es dafür, dass sowohl Nährstoffe aus Lebensmitteln wie auch Inhaltsstoffe von Nahrungsergänzung und Medikamenten tief und schnell in die Zelle eindringen.

Für die Medikamenteneinnahme verwendest Du das einfach gefilterte, saubere Wasser mit dem pH-Wert 7.0

Supplemente können mit dem HappyWater eingenommen werden, um die Menge zu reduzieren und eine intensivere Wirkung zu erzielen.

Ist es schädlich, stark saures bzw. stark basisches Wasser zu trinken?

Nein. Auch wenn es im ersten Moment schwer vorstellbar ist, bietet die Anwendung dieser zwei Wassersorten unter Beachtung gewisser Anweisungen einen sehr gesundheitsfördernden Effekt auf die Aktivierung der körpereigenen Selbstheilungskräfte. Weitere Informationen zu diesem Thema findest Du in der entsprechenden Literatur oder auch im HappyWaterTeam.

Worauf muss ich achten, wenn ich damit beginne, das HappyWater zu trinken?

Beginne Schritt für Schritt damit Deinen Körper an das Quellwasser zu gewöhnen. Vergiss nicht, mit welchen Herausforderungen Dein Körper vielleicht die letzten Jahrzehnte zu kämpfen hatte.

Trinkst Du von Beginn an zu viel HappyWater oder einen zu hohen pH - Wert, wird Dein Körper Dir schnell durch entsprechende Entgiftungssymptome signalisieren, dass es an der Zeit ist die Sache langsamer angehen zu lassen.

Begonnen wird in der Regel mit dem HappyWater pH 8,5. Schau, wie viel Dein Körper verarbeiten kann und achte individuell auf Dein Wohlbefinden. Des Weiteren gibt es auch Anwender, die schon nach wenigen Wochen mit dem HappyWater pH 9,0 glücklich sind. Es ist der beste Wegweiser ganz individuell und aufmerksam auf die Reaktion Deines Körpers zu hören und Dich jeden Tag neu auf seine Bedürfnisse einzustellen. Hilfreich kann außerdem die Einnahme von Zeolith Urgestein sein. Dieses bindet die gelösten Giftstoffe im Darm und hilft dabei sie auszuleiten.

Wann spüre ich die ersten Verbesserungen meiner Gesundheit?

Die Frage lässt sich nicht pauschal beantworten, da die Reaktionen auf das HappyWater sehr individuell sind. Viele Anwender erfahren schon in den ersten Wochen eine Steigerung der körperlichen Energie und geistigen Wachsamkeit, andere gehen zunächst durch intensive Reinigungserscheinungen des Körpers und wiederum andere spüren erst nach mehreren Monaten, dass sich ihr Leben verändert hat.

Aus diesem Grund haben wir die Erfahrungsberichte in diesem Buch mit aufgenommen. Grundsätzlich sprechen wir jedoch immer von folgendem Leitsatz: 1 Jahr HappyWater trinken für 10 Jahre Krankheit.

Die Installation

Was mache ich, wenn keiner der mitgelieferten Adapter für meinen Wasserhahn passt?

Innerhalb des Teams findet sich erfahrungsgemäß für solche Fälle immer eine passende Lösung. Weitere Adapter oder Wasserhähne lassen sich anschließend ganz einfach im Baumarkt oder Internet erwerben.

Kann ich die K8 als Untertischgerät installieren?

Nein, da die Technik eines Untertischgerätes im direkten Gegensatz zu dem ursprünglichen Verfahren steht, welches wir mit unserer Kangen® Wasserquelle imitieren wollen: der Wasserfall.

Denn wo in der Natur sehen wir Wasser, das von unten nach oben läuft?

Pumpen wir das Wasser von unten nach oben, ist es nicht möglich, die wertvolle hexagonale Wasserstruktur zu erhalten. Des Weiteren verbleibt in Untertischgeräten häufig eine Restwassermenge, welche die Bakterienvermehrung unterstützt. Dadurch, dass die K8 leicht erhöht steht, läuft jegliches Restwasser durch den Sekundärschlauch ab und sorgt für ein medizinisch hygienischen Zustand Zudem könnte es als Untertischkonstruktion passieren, dass die Trennung des Wassers während der Elektrolyse durch den Rücklauf des Restwassers umgekehrt wird, wodurch die Mineralionen (Base) mit den Mineraloxiden (Säure) reagieren.

ANHANG

Leitungswasser

www.aerzteblatt.de/archiv/4579/Probleme-der-chemischen-Trinkwasserqualitaet

www.umweltbundesamt.de/themen/wasser/trinkwasser/rechtliche-grundlagen-empfehlungen-regelwerk/aufbereitungsstoffe-desinfektionsverfahren-ss-11

Buchempfehlungen

„Wasser des Lebens" – Ingomar W. Schmelz

„Change your water, Change your life" – Dr. Dave Carpenter

"Jungbrunnenwasser" – Dipl. Ing. Dietmar Ferger

"Mein Handbuch zur Hydroxypathie" – Ronald Fischer

„Die Antwort des Wassers Band 1&2" – Masaru Emoto

„Die Botschaft des Wassers" - Masaru Emoto

Die Firma & HappyWaterTeam

www.enagiceu.com/page/certificates?lang=de

www.happywaterteam.com